Oldenbourg Interpretation
Band 53

Oldenbourg Interpretationen
Herausgegeben von
Klaus-Michael Bogdal und Clemens Kammler

begründet von
Rupert Hirschenauer (†) und Albrecht Weber

Band 53

Sonja Sellnow

Gotthold Ephraim Lessing

Nathan der Weise

Interpretation von
Wolfgang Kröger

Oldenbourg

Die Seitenzahlen in Klammern beziehen sich auf die Einzelausgabe:
Gotthold Ephraim Lessing: Nathan der Weise. Stuttgart 1990
(= Reclams Universalbibliothek Nr. 3)

Zitate sind halbfett gekennzeichnet.

Die Deutsche Bibliothek – CIP-Einheitsaufnahme

Kröger, Wolfgang:
Gotthold Ephraim Lessing, Nathan der Weise : Interpretation / von
Wolfgang Kröger. – 3. überarb. Aufl. – München :
Oldenbourg, 1998
(Oldenbourg Interpretationen; Bd. 53)
ISBN 3-486-88652-5
NE: GT

Bei Zitaten, Literaturangaben und Materialien im Anhang ist die neue Rechtschreibung noch nicht berücksichtigt.

3., überarbeitete Auflage 1998
Unveränderter Nachdruck 07 06 05 04 03
Die letzte Zahl bezeichnet das Jahr des Drucks.

Lektorat: Ruth Bornefeld, Simone Riedel, Marion Schweiker, München
Herstellung: Karina Hack, Karl Heinz Pantke, München
Typografisches Gesamtkonzept: Gorbach GmbH, Buchendorf
Umschlagkonzeption: Mendell & Oberer, München
Satz: jürgen ullrich typosatz, Nördlingen
Druck und Bindung: Appl, Wemding

ISBN: 3-486-**88652**-5

Inhalt

Unterrichtshilfen

Anhang

1 »Nathan« – ein toter Klassiker?

Erst hundertundfünfzig Generationen sind vergangen von der Feuersäule des Auszugs aus Ägypten bis zu den Rauchsäulen der Schoah. Und ich – geboren aus den Nachkommen Abrahams im Lande Abrahams – war überall mit dabei. Ich war ein Sklave in Ägypten und empfing die Tora am Berge Sinai, und zusammen mit Josua und Elija überschritt ich den Jordan. Mit König David zog ich in Jerusalem ein, und mit Zidkija wurde ich von dort ins Exil geführt. Ich habe Jerusalem an den Wassern zu Babel nicht vergessen, und als der Herr Zion heimführte, war ich unter den Träumenden, die Jerusalems Mauern errichteten. Ich habe gegen die Römer gekämpft und bin aus Spanien vertrieben worden, ich wurde auf den Scheiterhaufen in Magenza, in Mainz geschleppt und habe Tora im Jemen studiert. Ich habe meine Familie in Kishinev verloren und bin in Treblinka verbrannt worden. Ich habe im Warschauer Aufstand gekämpft und bin nach Erez Israel gegangen, in mein Land, aus dem ich ins Exil geführt worden war, in dem ich geboren wurde, aus dem ich komme und in das ich zurückkehren werde.[1]

Nathan steht als Jude in dieser Geschichte seines Volks. Steht LESSINGS *NATHAN* in dieser Geschichte? Oder ist er Zeugnis eines naiven Aufklärungslaubens und trügerischer Toleranzhoffnungen früherer Jahrhunderte? Will LESSING, wohlmeinend sicher, den Juden Nathan ›einmenschen‹ und ihm seine spezifische Geschichte wegnehmen? Dann wäre der *NATHAN* allenfalls noch ideengeschichtlich und literaturhistorisch interessant. Und es wäre kein Wunder, dass *NATHAN* zur ›abgeklapperten Schullektüre‹ geworden ist, die kaum noch ernsthaft gelesen wird.[2] Die Renaissance des *NATHAN* auf den deutschen Bühnen nach 1945 wäre dann als Versuch zu werten, aus der geschichtlichen Realität in ein Reich idealer Versöhnung zu fliehen und an die Stelle geschichtlicher Konsequenzen den folgenlosen Theaterbeifall für einen ›edlen Juden‹ zu setzen.

Wenn es stimmen sollte, dass für LESSING **eine sinnvolle und vernünftige Gestalt des Geschichtsverlaufs [...] gewährleistet [...] ist**[3] oder dass **Lessings (und) Nathans Bild vom Wesen und von den Möglichkeiten des Menschen feststeht**[4], dann wäre allerdings dieser Schriftsteller blind gewesen für die Gefährdung seiner aufklärerischen Ideale in der Geschichte. Wo Vernunft das Bild vom Wesen des Menschen festschreibt, wo Vernunft behauptet den geschichtlichen Weg des Menschengeschlechts zu überblicken, da steht sie in Gefahr, geschichtsblind, ja möglicherweise sogar geschichtsvergewaltigend zu werden; aufklärerische Vernunft, die den Menschen zur

Vernunft zwingen will, verhält sich dann zum objektiven Dasein **wie der Diktator zu den Menschen**[5], sie institutionalisiert eine totalitäre **Souveränität übers Dasein** und über die Geschichte.[6] Liegt im *NATHAN* ein solcher ›herrischer‹ Vernunftanspruch, der die Geschichte und andere Menschen kommandieren will, vor? Ist die Geschichte, die Realität der Kreuzzüge ebenso wie die der Lessingzeit und die späterer Zuschauergenerationen, nur Kulisse für das zwangsläufige Offenbarwerden des unwandelbar Vernünftigen?

Dann wäre der *NATHAN* zu Recht eine ›abgeklapperte Schullektüre‹ und ein ›toter Klassiker‹: denn der Anspruch, tolerante Humanität sei das nur noch zu enthüllende Wesen menschlicher Geschichte, wirkt lächerlich angesichts einer geschichtlichen Realität, in der Menschen immer wieder andere Völker als Sklaven und ›Kulturdünger‹ benutzt haben und benutzen.

Nun brachte das Jahr 1979 ein politisches Ereignis, das einige Kommentatoren (z. B. Dietrich Kronzucker im »heute-journal« des ZDF vom 26. 3. 1979) veranlasste, auf den Realgehalt von LESSINGS *NATHAN* hinzuweisen: wie im *NATHAN* sei durch den in Washington unterzeichneten Friedensvertrag zwischen Israel und Ägypten eine Versöhnung von Jude, Christ und Muselman zustandegekommen; den Umarmungen des Schlusstableaus im *NATHAN* entsprächen die Bruderküsse der Präsidenten Carter, Begin und Sadat. Dieser Friedensvertrag, der mit Waffenlieferungen an Israel und Ägypten in Höhe von neun Milliarden DM gekoppelt war, wirft ein seltsames Licht auf die ›Versöhnung‹: **Über dem Ganzen liegt mehr als nur ein Hauch bitterer Ironie. Bei Licht besehen ist das alles grotesk,** urteilt die ***Frankfurter Rundschau.***[7] Trifft ein solches Urteil auch auf den *NATHAN* zu? Ist Versöhnung nur noch als Groteske, als neue Stufe gegenseitiger Aufrüstung denkbar? Ist damit der *NATHAN* als idealistisch-verlogen abqualifiziert? Oder hat das Stück die Kraft sich gegen solche Einvernahme in die realpolitische Versöhnungsgroteske und zugleich gegen geschichtslose Idealisierung zu wehren?

15 Jahre später, 1994, ist der Frieden zwischen Israel und Ägypten noch immer gewahrt. Und das für unmöglich Erachtete ist eingetreten: Zwischen Israel und der PLO als Vertreterin des palästinensischen Volkes wird das Gaza-Jericho-Abkommen geschlossen, das den Palästinensern eine Teilautonomie in den israelisch besetzten Gebieten zugesteht und den Weg zu einem Friedensabkommen öffnen soll. Raffiniert-diplomatisch war den bisher unversöhnlichen Kontrahenten Rabin und Arafat im Garten des Weißen Hauses ein Händedruck unter der Schutzgeste des US-Präsidenten Clinton abverlangt worden und das Symbolfoto ging um die Welt. Rabin wurde wegen dieser Friedenspolitik ermordet; Arafat musste sich auf alle Bedingungen einlassen, weil er finanziell und politisch am Ende war und

nur noch mithilfe Israels überleben konnte. Inzwischen ist die Friedensrhetorik wieder erkaltet, der Friedensprozess selbst stockt. Doch anders als **mit zusammengebissenen Zähnen** wird eine positive Entwicklung sowieso kaum denkbar sein: **Wir haben ein gemeinsames Land, das aufgeteilt werden muß. Das bedeutet eine Scheidung und keine Flitterwochen. Und je weniger emotional wir dabei sind, um so besser ist es.** (Amos Oz, am 29. 8. 97 in ***Publik Forum***). Versöhnungsgroteske oder illusionslose Friedenspolitik mit zusammengebissenen Zähnen: Wie ordnet sich da der *Nathan* ein? Wie sind die ›allseitigen Umarmungen‹ der Schlussszenen zu interpretieren? Was für eine Art ›Friedensstifter‹ ist Nathan selbst?

Mit den 80er-Jahren begann in den deutschen Theatern eine neue Etappe der *Nathan*-Interpretation; die Bochumer Inszenierung von Claus Peymann machte deutlich, wie Nathan um sein Leben zu reden hat und wie einsam er bleibt; im gleichen Jahr (1981) wurde *Nathan* am Hamburger Thalia-Theater inszeniert (B. Korn) und es wurde herausgearbeitet, wie unendlich mühsam in diesem ›Drama der Verständigung‹ die Begegnung und das Verstehen von Menschen ist. In der Stuttgarter Inszenierung von Hans-Günther Heyme schleppte sich Nathan aus den Rauchschwaden der Pogrome auf eine geschwärzte und durch den Judenstern markierte Bühne. Ende des Jahrzehnts nahm Karl-Dirk Schmidt in der Nürnberger Inszenierung (1988) diese Gedanken wieder auf und zeigte, unter welcher dauernden Überanspannung Nathan steht und wie sehr er, trotz modernen ›outfits‹, der gebrandmarkte Außenseiter bleibt: Unter dem Anzug trägt dieser dauernd gebückte und latent aggressive Mann die Gebetsriemen des frommen Juden, an denen er sich in der höchsten Angst festhält und mit denen er sich zu strangulieren scheint. Diese Inszenierungen verstehen den *Nathan* nicht mehr als das Drama einer vorweg garantierten Versöhnung; alle diese Inszenierungen haben deshalb Mühe, mit der Schlussszene und ihren ›allseitigen Umarmungen‹ zurechtzukommen. Die Schlussszene wird wie ein Fremdkörper gespielt – und dabei entdeckt der Zuschauer, dass auch eine solche Interpretation dem Text und den Regieanweisungen entsprechen kann.

Dieser ›neue‹ Zugang zum *Nathan* spiegelt sich auch in germanistischen Veröffentlichungen zu Lessings Drama. Die Arbeit von S. Suesse-Fiedler zur Wirkungsästhetik des *Nathan* zeigt auf, wie oberflächlich eine rein textimmanente Interpretation sein kann, während die Analyse der Wechselbeziehung zwischen Dramenhandlung, Dialogführung und Zuschauererwartung die **zugrundeliegende Negativität** des Dramas an den Tag zu bringen vermag. Th. Koebners Interpretation des *Nathan* (im Reclam-Band Lessings Dramen), die auch für Schüler gut lesbar ist, repräsentiert den neuesten Stand der Forschung und macht ebenfalls darauf aufmerksam, wie bedrohlich es in diesem Drama wetterleuchtet und wie wenig Nathan der nur Weise ist. Jan Philipp Reemtsma hat in seiner Hamburger *Lessingpreis-Rede* (Ende 1997, s. Mat. 9, S. 131 f.) auf die Verwandtschaft aufmerksam gemacht, die zwischen Nathan und denen besteht, die als Überlebende der Schoah von ihrem Überleben erzählt haben. Nathans Tun und Reden entspringe **aus dem Wissen, wieviel Destruktivität aus unterkomplexem Denken und Fühlen kommt. Sorge um die Welt, die aus dem Wissen um ihre Fragilität kommt,** sei sein Grundmotiv.

Diese neue Etappe in der Rezeption des *Nathan*, der auch schon die erste Auflage der hier vorliegenden Interpretation zuzuordnen war (1980), löst die Bitte ein, die Jean Amery 1979 während der Lessing-Feiern in Wolfenbüttel geäußert hat: **Anstatt Lessing, und namentlich den des *Nathan*, feierlich zu begraben im deutschen Pantheon, soll in seinem Verstand, dem kritisch-intelligenten, gefragt werden nach dem Sinn und der Aktualität seiner Toleranz.**

Auf dem Hintergrund dieser Fragen nach der Aktualität des Dramas geht es darum, die Entstehungsgeschichte des *Nathan* zu ermitteln, eine umfassende Interpretation zu versuchen, seinen literaturgeschichtlichen Ort zu bestimmen und die Rezeptionsgeschichte zu beleuchten. Dann muss es möglich sein, auf die in dieser Einleitung aufgeworfenen Fragen Antwort zu geben.

2 Zur Entstehungsgeschichte des »Nathan«

2.1 Ein Präludium: Lessings »Die Juden« von 1749

Dem *Nathan*, Lessings letztem Drama, korrespondiert inhaltlich ein dreißig Jahre früher (1749) geschriebener Einakter: das Lustspiel *Die Juden*. In diesem Stück[8] stellt der zwanzigjährige Lessing einen reichen, vernünftig-zurückhaltenden und hilfsbereiten Juden auf die Bühne, der inkognito einem Baron bei einem Überfall, den Bediente des Barons selbst ausgeführt haben, zu Hilfe kommt. Das Lustspiel bezieht seine Spannung aus der Frage, ob die Räuber entlarvt werden können; das Stück lebt vom Wechsel der Ebenen: der Liebesgeschichte zwischen dem zunächst inkognito bleibenden Juden und der Baronstochter korrespondiert derb-komisch die Beziehung zwischen dem Diener des jüdischen Reisenden und einer Magd des Barons. Diese ›Diener-Beziehung‹ kommt nach erheblichen Hindernissen und Anfangsschwierigkeiten aufgrund praktisch erwiesener und bewährter Zuneigung (in der 20. Szene springt die Magd Lisette dem zu Unrecht von seinem Herrn beschuldigten Diener Christoph helfend bei) zu einer im Stück angedeuteten Erfüllung, die die Bereitschaft einschließt, alles Trennende, und sei es das Judesein des Dieners, beiseite zu räumen:

Letzter Auftritt. Lisette. Christoph.
[…]
Lisette: Und wann's dazu kömmt, ist Er wohl gar auch ein Jude, so sehr Er sich verstellt?
Christoph: Das ist zu neugierig für eine Jungfer gefragt! Komm' Sie nur!

Er nimmt sie untern Arm, und sie gehen ab.

Demgegenüber endet die Handlung auf der ›Herren-Ebene‹ in gewisser Weise unbefriedigend: Durch sein praktisches Verhalten hat der (jüdische) Reisende zwar aufgedeckt, dass der plumpe Judenhass, der die verbalen Äußerungen der noch nicht entlarvten Räuber kennzeichnet, nur der Tarnung der eigenen Verbrechen gedient hat (**es sind gewiß Juden gewesen,** erklärt einer der Diebe den Diebstahl); auch hat der Jude gezeigt, dass der feinere Antisemitismus des Baron, den dieser auf die schlechten Erfahrungen gründet, die er mit einzelnen Juden gemacht hat (6. Szene), falsch ist, weil es ja ersichtlich auch gute Juden gibt. Aber trotzdem kommt es nicht zur Überwindung der religiös-rassischen Schranke: Der Baron bleibt latenter Antisemit, er macht nur mit dem Reisenden eine Ausnahme: **o wie achtungswürdig wären die Juden, wenn sie alle Ihnen glichen!**; und deshalb setzt seine Entschuldigung (**Ich schäme mich meines Verfahrens,** alles 22. Auftritt) nicht die Kraft frei, die gesellschaftlichen Konventionen zu überspringen und seine Tochter dem jüdischen Retter und Freund zur Frau zu geben: **So gibt es denn Fälle, wo uns der Himmel selbst verhindert, dankbar zu sein?** Mit dieser Frage stellt er die Unmöglichkeit der Verbindung fest. Und ob das Fräulein Tochter mit ihrer Frage: **Ein Jude? Ei, was tut das?** und dem darin implizierten Willen, die scheinbar unabwendbare Trennung nicht zu akzeptieren, sich durchsetzen wird, bleibt fraglich. So endet das Lustspiel offen, ohne Happyend, unbefriedigend für den Zuschauer, der offenbar durch eine emotionale Enttäuschung zum Nachdenken über die reale Kraft rassisch-religiöser Vorurteile gebracht werden soll. Von diesem Schluss her ist dieser Einakter genau eines jener **Lustspiele, die zum Weinen bewegen,** wie sie der jüdische Reisende in seinem Gepäck mit sich führt; auf ihnen sitzt man, wie die Magd Lisette ausführt, **verzweifelt hart** (10. Auftritt).

Die Parallelen des Stoffs zum *NATHAN*-Drama sind deutlich. Schon in diesem Frühwerk stellt Lessing den vom Rassismus geprägten Vorurteilen einen ›idealen‹ Vertreter der Diskriminierten entgegen. Genau dies wurde ihm angekreidet: So schrieb der Göttinger Theologieprofessor J. D. Michaelis:

> **Der unbekannte Reisende ist in allen Stücken so vollkommen gut, so edelmütig, so besorgt, ob er auch etwa seinem Nächsten unrecht tun und ihn durch ungegründeten Verdacht beleidigen möchte, gebildet, daß es zwar nicht unmöglich, aber doch allzu unwahrscheinlich ist, daß unter einem Volke von den Grundsätzen, Lebensart und Erziehung, das wirklich die üble Begegnung der Christen auch zu sehr mit Feindschaft oder wenigstens mit Kaltsinnigkeit gegen die Christen erfüllen muß, ein solches edles Gemüt sich gleichsam selbst bilden könne.**[9]

Die Antwort auf diese Kritik formulierte prägnant der jüdische Philosoph aus Berlin, Moses Mendelssohn: **In Wahrheit! mit welcher Stirn kann ein Mensch, der noch ein Gefühl der Redlichkeit in sich hat, einer ganzen Nation die Wahrscheinlichkeit absprechen, einen einzigen ehrlichen Mann aufweisen zu können?**[10]

Dieser ehrliche, gute Mann vermag allerdings nach des Autors Absicht nicht das Vorurteil zu brechen, er kann es vielmehr nur im konkreten Fall für seine Person korrigieren. Es kommt – jedenfalls auf der ›Herren-Ebene‹ – zu keiner theatralischen Darstellung von Versöhnung. Das Beiseiteschieben des Vorurteils wird als praktische Möglichkeit des Pöbels, der Diener, kurz angedeutet. Aber zugleich ist es Christoph, der Diener des Barons, der den aggressiv-christlichen Antisemitismus im 22. Auftritt rhetorisch wieder zur Sprache gebracht hat: **Was? Sie sind ein Jude, und haben das Herz gehabt, einen ehrlichen Christen in Ihre Dienste zu nehmen? Sie hätten mir dienen sollen. So wär's nach der Bibel recht gewesen. Potz Sturm! Sie haben in mir die ganze Christenheit beleidigt [...]. Verklagen will ich Sie noch dazu.** Und dass der junge LESSING um den potenziell eliminatorischen Charakter dieses Antisemitismus weiß, verdeutlichen die erschreckenden Sätze, die er den Dienern im Hause des Barons in den Mund legt: **Ich dürfte nicht König sein: Ich ließ' keinen, keinen einzigen (Juden) am Leben** oder: **Ja, wenn ich an die Messe gedenke, so möchte ich gleich die verdammten Juden alle auf einmal mit Gift vergeben, wenn ich nur könnte.**

Die religiöse Problematik fehlt in *DIE JUDEN* noch vollständig: So wird die soziale Bedeutung der rassischen Vorurteile grell ins Licht gehoben, während die Möglichkeit, in intellektuellem Räsonnement über die religiösen Wurzeln der die Menschen trennenden Vorurteile diese zu verstehen und sie geschichtlich zu hinterfragen, noch ausgeblendet ist und erst später erscheint.

Während der Reisende des Einakters inkognito zu bleiben wünscht und damit die Problematik jüdischer Assimilationsversuche ins Bild bringt, ist Nathans Judesein von Anfang an offenkundig; Nathan bekennt sich zur Leidensgemeinschaft seines Volkes und will sich nicht assimilieren.

2.2 Lessings Umgang mit jüdischen Freunden – Spiegelung biografischer Momente im »Nathan«

Das Thema Judenhass bestimmt nicht nur frühe wie späte Werke des Autors LESSING – sein Leben selbst ist geprägt vom selbstverständlichen vorurteilslosen Umgang mit jüdischen Zeitgenossen. In einer Zeit, als selbst angesehene Theologen wie der schon zitierte J. D. Michaelis in einer gelehrten Zeitschrift über die Juden noch folgendermaßen urteilten:

> **Bei den Grundsätzen der Sittenlehre, welche zum wenigsten der größte Teil (der Juden) angenommen hat, ist auch eine allgemeine Redlichkeit kaum möglich, sonderlich da fast das ganze Volk von der Handlung leben muß, die mehr Gelegenheit und Versuchung zum Betruge gibt als andre Lebensarten[11],**

in einer solchen Zeit war dieses Verhalten LESSINGS eo ipso eine Provokation.

Allgemein bekannt ist LESSINGS Freundschaft mit Moses Mendelssohn, die 1754 durch Aaron Salomon Gumperz eingeleitet wurde: Dieser führte dem gelehrten Schriftsteller LESSING den gleichaltrigen jüdischen Kaufmann und Autodidakten Mendelssohn als Schachpartner zu. Noch in seinem letzten Brief an Mendelssohn spricht LESSING von ihm als seinem

liebsten Freund, nach dessen Stimme er verlangt, obwohl er nun inhaltliche Differenzen gegenüber Mendelssohn andeutet. (**Daß Ihnen nicht alles gefallen, was ich seit einiger Zeit geschrieben, das wundert mich gar nicht. Ihnen hätte gar nichts gefallen müssen; denn für Sie war nichts geschrieben,** Brief vom 19. 12. 1780). Diese Differenz wurde nach LESSINGS Tod offenkundig, als der öffentliche Streit um LESSINGS Spinozismus und seine pantheistischen Andeutungen losbrach; Mendelssohn setzte alle seine Kräfte vergeblich ein bei dem Bemühen den Freund für einen **gemäßigten Standpunkt** im Sinne des eigenen Deismus zu retten.[12] Ernst Cassirer[13] formuliert die inhaltliche Differenz: **Für Mendelssohn [...] blieb es bis zuletzt ein unvollziehbarer Gedanke, daß die Erreichung des höchsten Menschheitsziels einem so unzuverlässigen Führer wie der Geschichte anvertraut sein könne.** Diese Differenz versuchte Mendelssohn zu leugnen, indem er sich gerade auch auf den *NATHAN* als einen ›Anti-Candide‹, als ein Drama der Bejahung von Theismus und Vorsehungsglauben, bezog[14], aber aufs Ganze gesehen scheiterte seine Verteidigung des Freundes, weil die späten Texte LESSINGS, auch der *NATHAN*, sich gegen seine Art der verteidigenden Einvernahme sperrten.

Die Nathan-Figur selbst scheint weit gehend dem **selbstdenkenden Kaufmann**[15] Moses Mendelssohn nachgestaltet worden zu sein; Mendelssohns Tochter hieß Recha. Sara von Grotthus geb. Meyer behauptete gegenüber Goethe[16], im Kaufmännischen der Nathan-Figur spiegele sich auch ihr Vater, dem LESSING sich zu Dank verpflichtet gefühlt habe.

Ähnlich wie Nathan durch den Sultan in eine Falle gelockt werden sollte, hatte sich der Schweizerische Pietist Johann Kaspar Lavater gegenüber Moses Mendelssohn ein Erpressungsmanöver erlaubt: 1769 forderte der Christ den Juden auf, entweder die von ihm als unumstößlich behaupteten Beweise für die christliche Religion zu widerlegen oder sich öffentlich von seiner alten Religion abzuwenden. LESSING schrieb empört darüber: **Ich bedaure Moses, daß er von einem Menschen so kompromittiert wird, von dem er sich seine Freundschaft nicht hätte sollen erschleichen lassen. Lavater ist ein Schwärmer, als nur einer des Tollhauses wert ist.**[17] Als öffentlich klargestellt war, dass Lavater offenbar die Zwangslage eines Juden, der öffentlich nicht die christliche Religion verwerfen oder angreifen konnte, ausnutzen wollte, zog der Schwärmer sein Ultimatum zurück.

Über Moses Mendelssohn hat LESSING den Sekretär und Diener des Kaufmanns Nathan Meyer kennen gelernt. Dieser Abraham Wulff, ebenfalls ein großer Freund des Schachspiels, wohnte zeitweise bei Mendelssohn. Im Hause Meyers wurde der mathematisch begabte Sonderling ›Arlequin sauvage‹ genannt, was auf den ›wilden Inder‹[18], der in Delisles gleichnamiger Komödie der Zivilisation entgegengestellt wird, hindeutet.

Nach der glaubhaft wirkenden Auskunft von Sara von Grotthus entsprechen Züge des Al Hafi im *NATHAN* diesem Juden.

Im Emigrationswunsch des Al Hafi (**an den Ganges!**) spiegelt sich aber wohl noch das Geschick eines besonders engen Freundes LESSINGS aus seinen letzten Lebensjahren. In dem schon zitierten Brief vom 19. 12. 1780 an Mendelssohn sucht LESSING für den Braunschweiger Schutzjuden[19] und Kunsthändler Alexander Daveson ein Emigrationsland, **wo es weder Christen noch Juden gibt.** Daveson, der in Selbstzeugnissen von **vertrautester Freundschaft** zu LESSING spricht[20] und dessen Aussage, dass er LESSING an dessen Sterbeabend (15. 2. 1781) noch vorgelesen habe und dass LESSING in seinen Armen gestorben sei, von Elise Reimarus bezeugt wird, trug mit zur gesellschaftlichen Ächtung LESSINGS bei. So behaupteten Pamphlete nach LESSINGS Tod, er, der genauso gottlos wie seine jüdischen Freunde gewesen sei, habe Selbstmord begangen bzw. sei vom Teufel geholt worden. Während LESSING mit Daveson eng befreundet war, weigerte sich die bessere Gesellschaft Wolfenbüttels mit dem Hofbibliothekar LESSING an einem Tisch zu sitzen.[21] Daveson war zugleich sozial gebrandmarkt: Weil der alte Herzog Carl bei Daveson viel einkaufte, der regierungsführende Erbprinz Carl Wilhelm Ferdinand aber nicht zahlen wollte, wurde der Jude nach dem Tod des alten Herzogs hinter Schloss und Riegel gesetzt. LESSING besuchte ihn häufig im Gefängnis, bekam ihn schließlich frei und nahm ihn als Hausgenossen im Bibliothekarshaus von Wolfenbüttel auf.

Seine Freundschaft mit Mendelssohn begann beim Schachspiel, sein Zusammensein mit Daveson, der nach LESSINGS Tod für zehn Jahre nach England emigrierte, endete mit einem gemeinsamen Lottospiel: Daveson übermittelte LESSINGS wenige Stunden vor seinem Tod gewählte Zahlen der Lottostelle[22] und der Collecteur musste dann selbst bezahlen, weil bei dem verarmten Toten nichts mehr zu holen war.

2.3 »Nathan« als zwölfter Anti-Goeze

Das *NATHAN*-Drama ist in einen großen und harten Religionsstreit eingebettet, und der Erfinder des souveränen Pädagogen Nathan war ein provokanter Religionspolemiker, dem 1778 die braunschweigisch-herzogliche Zensur ›die Flügel gestutzt‹ hatte. Er, LESSING, habe offenbar die Absicht **die christliche Religion aufs schlüpfrige zu sezzen, wo nicht völlig einzureissen**, befand der Herzog Carl, und so wurde es LESSING verboten, weitere Schriften in dem von ihm initiierten Religionsstreit zu publizieren. LESSINGS Vorgesetzter, der ihn beim Herzog denunziert hatte, konnte befriedigt feststellen: **H Leßing hat solches sehr ungnädig vermerket u. soll so gar drohen, seine Dimission (als Hofbibliothekar) nehmen zu wollen.** Der gemaßregelte Beamte LESSING reagierte unwillig-schroff: Zunächst unterstellte er dem Herzog übereiltes Handeln (**ich tue nichts Unanständiges, wenn ich annehme, daß alle diese Umstände Ewr. Durchlaucht nicht bekannt gewesen,** so am 11. 7. 1778); in einem späteren Brief (8. 8. 1778) stellte er seinem Herzog die Bedingung ihm auswärtigen Druck zu gestatten, andernfalls könne er nicht gehorchen. Nun, er fügt sich schließlich doch, aber mit einem Projekt in der Hinterhand: dem *NATHAN*. **Ich muß versuchen, ob man mich auf meiner alten Kanzel, auf dem Theater wenigstens, noch ungestört will predigen lassen.** (6. 9. 1778, Brief an Elise Reimarus); allerdings: **ich [will] gewiß den Theologen einen ärgern Possen damit spielen, als noch mit zehn Fragmenten** (11. 8. 1778, an den Bruder Karl). So gehört LESSINGS Theaterpredigt in die größte theologische Diskussion, die seit der Reformation in Deutschland geführt wurde: in den Fragmentenstreit.

Über das Jahr 1777 urteilen heute Theologiehistoriker: **Seit damals ist Gott tot. Von da an herrscht im protestantischen Deutschland Göttertrauer, das protestantische Leid der entbehrten Einheit von Glauben und Wissen.**[23]

Anlass für dieses grundstürzende Ereignis in der Kulturgeschichte des 18. Jhs. wurde die Diskussion um die von G. E. LESSING herausgegebenen christentumskritischen *FRAGMENTE EINES UNGENANNTEN*. Allein 1778 erschienen mehr als 20 Gegenschriften, von den Kanzeln wurde gegen LESSING und seinen ›Ungenannten‹ gewettert, an den Universitäten fanden Vorlesungen gegen die *FRAGMENTE* statt, fortschrittliche wie konservative Theologen (der große Aufklärungstheologe Semler ebenso wie der Hamburger Hauptpastor Goeze) versuchten die kirchlichen wie die staatlichen Instanzen gegen LESSING zu mobilisieren.

Für LESSING hatte dieser Streit, den er durch die geschickt-raffinierte Staffelung der *FRAGMENTEN*-Veröffentlichung und durch eigene polemische Schriften zum Thema in Gang gesetzt und angeheizt hatte, die fast völlige gesellschaftliche Isolierung, Publikationsverbote und eine Fülle ehrenrühriger (häufig antisemitisch gefärbter) Angriffe zur Folge. Der berühmte Dichter der *MINNA VON BARNHELM* und der *EMILIA GALOTTI* wurde seinem traditionellen Publikum, ja auch seinen engsten Freunden zum Rätsel und Ärgernis.

Die *FRAGMENTE*, die so viel Sprengstoff enthielten, dass sie ihr Verfasser, der Hamburger Orientalist H. S. Reimarus, sogar vor seiner eigenen Frau geheim gehalten hatte, gipfelten in der These, Jesu Jünger hätten die Auferstehung durch einen Raub der Leiche des Gekreuzigten vorgespiegelt und erfunden. Ihr Motiv sei es gewesen, durch die Osterpredigt Anhänger zu gewinnen und so ihr schlankes Leben, das sie als Jünger hatten führen können, als Apostel fortzusetzen. Der Fragmentenverfasser folgerte diese These aus einer Analyse der synoptischen Auferstehungsgeschichten, in denen er eine Fülle von Widersprüchen aufdeckte. Aufgrund dieser Widersprüche charakterisierte er die Evangelisten als Betrüger.

Im Gegensatz zu Reimarus hielt Lessing die Zeit für gekommen religionskritische Gedanken einem möglichst großen Publikum zur Prüfung und Beurteilung vorzutragen. Mit bissiger Polemik verteidigte Lessing darum im Fragmentenstreit den Anspruch, öffentlich frei und kritisch auch gegen geheiligte Traditionen zu denken und zu schreiben. Den Apologeten eines statisch-ungeschichtlichen Christentums, die behaupteten, die Wahrheit ihrer Religion stehe unwidersprechlich fest, setzte er das Faktum einer sachkundigen Bestreitung dieses Wahrheitsanspruchs vor die Nase.

Zugleich aber stellte Lessing den *Fragmenten* seine *Gegensätze des Herausgebers* zur Seite. In ihnen widersprach er der These vom Jüngerbetrug und vor allen Dingen der Konsequenz dieser These: Wäre sie unbedingt richtig, so müsste gefolgert werden, dass alle Verheißungsaussagen des christlichen Glaubens auf einer gigantischen Geschichtslüge basierten. Und hier schärft Lessing, gegen seinen Fragmentisten und gegen die christlichen Apologeten, seinem Publikum ein: Nein, es ist noch nicht heraus, ob die im christlichen Glauben ausgesprochenen und angeregten Verheißungen nichts als Lügengespinste sind. Weder ist der christliche Glaube unwidersprechlich wahr noch ist er unwidersprechlich ein Lügengebäude. Vielmehr wird in diesem geschichtlich gegründeten (und deshalb immer umstrittenen und neu zu interpretierenden) Glauben auf das Zeitalter eines dritten Bundes vorausgedeutet: auf das Zeitalter der Aufklärung und sittlichen Vervollkommnung, in dem die Menschen Brüder des Gottessohnes sein und wie er das Gute um des Guten willen tun werden.

Wahrheitsbegriffe im Fragmentenstreit

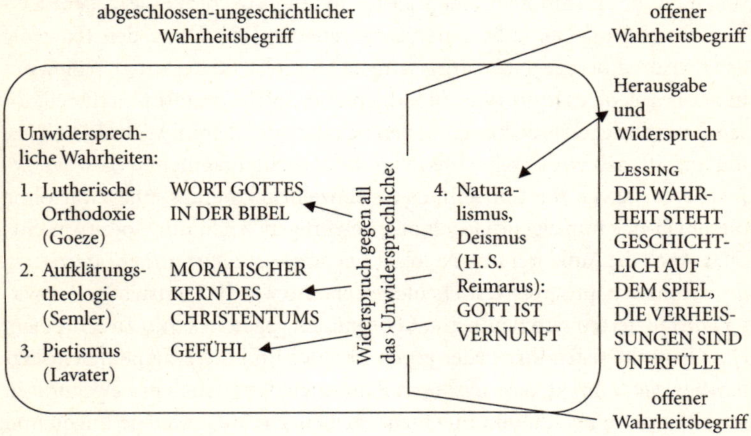

Gegen die von Lessing herausgegebenen Fragmente brach ein Sturm der Entrüstung los: Gegen Reimarus' kritische Einlassung wird auf die Wunder und Weissagungen als **die festen, unbewegten Stützen unserer Religion** verwiesen[24], die Gegner pochen auf die **Thatsache** der Auferstehung Jesu, die **keine Einwendung** dulde und **alles Raisonnement falsch** werden lasse.[25] Aber der Fragmentenschreiber und sein Herausgeber werden auch von progressiven Theologen angegriffen, weil sie die Weiterentwicklung der Theologie nicht beachtet hätten, durch die all den vorgetragenen Angriffen die Basis entzogen sei: die **herrliche christliche Tugendlehre** sei der Kern des **lauteren, ächten, biblischen und vernünftigen Christentums** [26] und dieser Kern bestehe ganz unabhängig von allen historischen Widersprüchlichkeiten der christlichen Tradition.

Lessing, der Herausgeber der Fragmente, kommentiert verschiedene dieser Entgegnungen. Dabei spitzt er seine Stellungnahmen polemisch zu und schreckt vor Paradoxien und Selbstwidersprüchen offenbar ganz bewusst nicht zurück: Er will kein abschließendes Votum geben, sondern einen Diskussionsprozess anheizen. So ist es ihm auch durchaus recht, dass sich der Fragmentenstreit zuspitzt auf die Frage, ob er, Lessing, diese religionskritischen Schriften habe herausgeben und einer breiten Öffentlichkeit bekannt machen dürfen. Darf öffentlich über die Wahrheit der christlichen Verheißungstraditionen gestritten werden? Darf etwas, das nach Lessings Meinung das **ganze menschliche Geschlecht** unter ausdrücklichem Einschluss des **Pöbels** angeht[27], nämlich die Frage nach der Wahrheit und dem Wahrwerden einer wichtigen Hoffnungstradition, auch **vor den Augen der ganzen Welt**[28] diskutiert werden? Wird damit das Publikum an seine geschichtsverantwortliche Aufgabe gemahnt oder werden so die Grundlagen von Kirche und Staat untergraben? Diesen Vorwurf der Zersetzung erhob vehement der Hamburger Hauptpastor Johann Melchior Goeze, dem Lessing die elf Anti-Goeze-Schriften entgegensetzte, ehe Goeze den Teilerfolg des Zensuredikts gegen Lessing erringen konnte. Und Lessing tat alles, um in der Frage, ob es legitim sei, öffentlich über solche philosophisch-religiösen Grundfragen zu diskutieren, den Streit zu eskalieren: Während Goeze ihn angriff, gab er das schärfste religionskritische Fragment *Vom Zwecke Jesu und seiner Jünger* wohlfeil als Einzeldruck heraus, und zwar ohne diesem Druck nun eigene Gegensätze beizufügen. Nicht nur Goeze war entsetzt. Auch die Aufklärer und Nicolais *Allgemeine Deutsche Bibliothek*, die neologisch-progressiven Theologen ebenso wie die Pietisten (z. B. Lavater) distanzierten sich deutlich und begannen gegen Lessing zu schreiben. Dass Pamphletisten ihre Feder gegen Lessing und die Fragmente einsetzten, beweist indirekt, dass Lessings Plan, auch den ›Pöbel‹ in Bewegung zu setzen und ihn ins ›Publikum‹ einzubeziehen, ein Stück weit gelungen und verwirklicht war. LESSINGS Bruder berichtet denn auch, dass der Wolfenbütteler Bibliothekar im Zensuredikt seines Herzogs sehr wohl den Nebeneffekt erkannt und geschätzt habe: die Zensurmaßnahmen verursachten nochmals öffentliches Interesse für den Inhalt des Streits.

Der Theaterklassiker *NATHAN* ist also der letzte Beitrag LESSINGS zu einem polemischen Religionsdisput, wobei LESSINGS Interesse in diesem Diskussionsprozess vornehmlich darauf gerichtet war, das Publikum zu vergrößern und, wie er immer wieder sagt, **zum Selbstdenken** zu bewegen.

2.4 Lessings religionsphilosophische Hypothesen: »Die Erziehung des Menschengeschlechts« (1777/80)

Welche inhaltliche Position LESSING in dem Fragmentenstreit vertreten hat, wird am ehesten durch eine knappe Analyse seiner Schrift *DIE ERZIEHUNG DES MENSCHENGESCHLECHTS* deutlich. Diese vor dem eigentlichen Fragmentenstreit konzipierte und nach dem *NATHAN* abgeschlossene Schrift entwirft hypothetisch ein geschichtsphilosophisches Fortschrittsmodell. Keinen Augenblick darf der hypothetische Charakter vergessen werden: LESSING selbst spricht von dem Verfasser als einem, **der sich gern allerlei Hypothesen und Systeme macht, um das Vergnügen zu haben, sie wieder einzureißen** (Brief vom 6. 4. 1778); der ›Herausgeber‹ (LESSING) der Erziehungsschrift gibt an, der ›Verfasser‹ (LESSING) habe **geglaubt, etwas mehr, als den vorgeschriebenen Weg seines heutigen Tages zu übersehen.** Und unmissverständlich erklärt das Motto der Gesamtschrift: **Hac omnia inde esse in quibusdam vera, unde in quibusdam falsa sunt.** (**All dies ist aus denselben Gründen in gewisser Hinsicht wahr, aus denen es in gewisser Hinsicht falsch ist.** Augustin). In Anlehnung an das eschatologisch-chiliastische Drei-Reiche-Modell des Joachim von Fiore spricht LESSING die Hypothese aus, dass das menschliche Geschlecht in einem Erziehungsprozess, in dem göttliche Offenbarung und menschliche Vernunftentwicklung dialektisch zusammenwirken, in die **Zeit eines neuen ewigen Evangeliums** geführt wird (§ 86), nachdem ja schon das Zeitalter des **alten Bundes** durch das Zeitalter Christi abgelöst ist. So wie damit **eine innere Reinigkeit des Herzens in Hinsicht auf ein andres Leben** (§ 61) an die Stelle des alttestamentlichen Belohnungsdenkens und Gesetzesgehorsams getreten ist, so wird das zukünftige dritte Zeitalter eine **Reinigkeit des Herzens hervorbringen, die uns, die Tugend um ihrer selbst willen zu lieben, fähig macht** (§ 80). In dieser **Zeit der Vollendung** werden die Menschen Brüder Jesu sein, weil sie fähig werden, unabhängig von jedem Belohnungsgedanken, **das Gute um des Guten willen** zu tun (§ 85). Allerdings: dieser Fortschrittsprozess ist noch offen, die Verheißungen des zweiten Bundes (§ 86) sind noch unerfüllt; das, was **schlechterdings noth-**

wendig ist, wenn dem menschlichen Geschlecht damit geholfen seyn soll (§ 76), steht noch aus. Dem **Lästerungsgedanken** (§ 84), dass diese **völlige Aufklärung** (§ 80), diese Brechung der Belohnungsmoral, nicht real werden könnte, kann nur beschwörende Gebetssprache entgegengesetzt werden: **Oder soll das menschliche Geschlecht auf diese höchste Stufe der Aufklärung und Reinigkeit nie kommen? Nie? – Nie? Laß mich diese Lästerung nicht denken, Allgütiger!** (§§ 80, 81). Ob sich die Verheißungen des zweiten Zeitalters erfüllen, das steht dahin, denn die Bewegung des **große[n] langsame[n] Rad[es]** der Geschichte ist **unmerklich** (§§ 91, 92). Die Geschichte ist offen, ihre Wahrheit ist noch nicht heraus. Darum for-

Der Aufklärungsprozess
(nach LESSINGS *DIE ERZIEHUNG DES MENSCHENGESCHLECHTS*, 1777/1780)

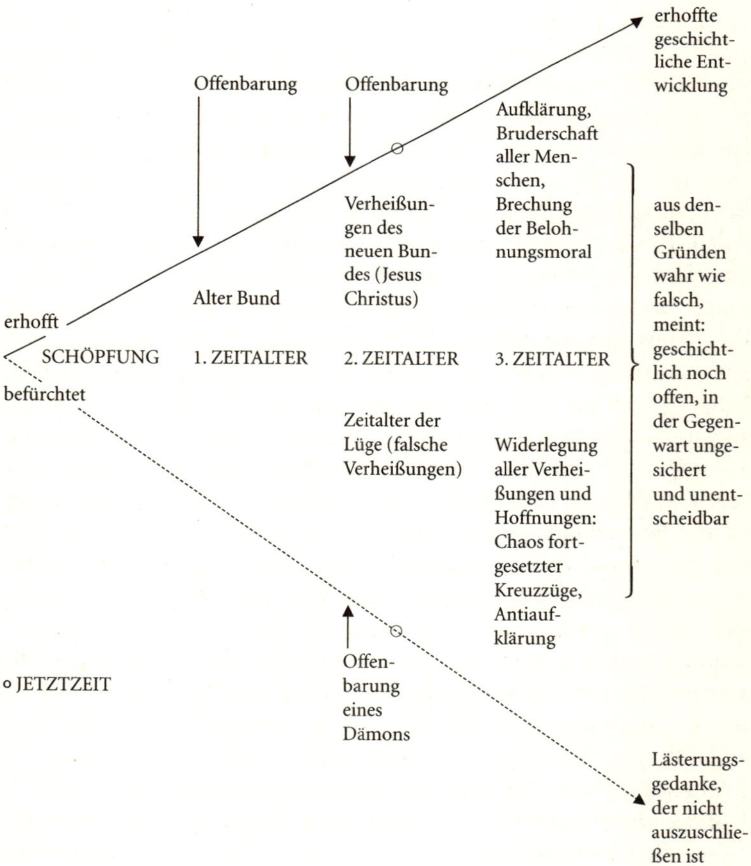

muliert LESSING Hypothesen, darum versucht er polemisch alle ›unwidersprechlichen Wahrheiten‹ aufzuweichen. Tatsächlich hat LESSING eine **Theorie, die das Ganze der Weltgeschichte im System begreift, [...] für unmöglich** gehalten.[29] Und so wie er im Fragmentenstreit verschiedenen theologischen ›unwidersprechlichen Wahrheiten‹ den sachkundigen Widerspruch vor die Nase gehalten hat, so wie er dort immer wieder ans Selbstdenken des Publikums appelliert, ja es durch Selbstwidersprüchlichkeit auch ihm selbst, LESSING, gegenüber erzwungen hat, so plädiert er auch in der ›Erziehungs‹-Schrift nicht für die Resignation, sondern die Emphase der Gebetshoffnungen soll durch konkretes Tun einzelner Menschen in Richtung auf Aufklärung und Beendigung der Belohnungsmoral untermauert werden: wir sollen versuchen, **kleinere schnellere Räder** zu sein, denn die sind es ja wahrscheinlicherweise, die **das große langsame Rad** der Geschichte in Bewegung setzen (§ 92).

2.5 Pessimismus als Unterströmung: Zur Biografie Lessings 1777–79

Der ›Lästerungsgedanke‹ der Erziehungsschrift, dass das Zeitalter der Aufklärung nicht kommen und dass sich damit das Jetzt-Zeitalter als eines der Lüge und Täuschung offenbaren könnte, wird von LESSING im Fragmentenstreit wiederholt zitiert und auf seine Konsequenzen hin befragt. So sagt er kategorisch gegen den Versuch eines Fragmentengegners, der aus der historischen Wirklichkeit von Jesu Wundern die Vernünftigkeit der christlichen Lehre beweisen will: Zufällige Geschichtswahrheiten können der Beweis für notwendige Vernunftwahrheiten niemals sein.[30] D. h., LESSING selbst erklärt, dass seine Hypothese aus der *ERZIEHUNG DES MENSCHENGESCHLECHTS*, Geschichte und Vernunft würden sich im Prozess fortschreitender Aufklärung vermitteln, kein **Beweis,** nichts **unwidersprechlich Festes** ist. Die Gefahr, dass die Geschichte in den **garstig breiten Graben**[31] zwischen Historie und Vernunft versinkt, muss ins Auge gefasst werden. Und im Kontext des nicht auszuschließenden Lästerungsgedankens, dass Gott es uns Menschen verordnet hätte, uns immer zu irren und die Wahrheit niemals zu finden, fragt LESSING sich, was zu tun sei, und er stellt dem Potentialis einer sinn- und wahrheitslosen Geschichte die Aufforderung entgegen, trotz und gerade wegen dieser negativen Möglichkeit die eigenen Anstrengungen für die Wahrheit zu forcieren:

> **Wenn Gott in seiner Rechten alle Wahrheit, und in seiner Linken den einzigen immer regen Trieb nach Wahrheit, obschon mit dem Zusatze, mich immer und ewig zu irren, verschlossen hielte, und spräche zu mir: wähle! Ich fiele ihm mit Demut in seine Linke, und sagte: Vater gib! die reine Wahrheit ist ja doch nur für dich allein!**[32]

Lessings Aufklärungshoffnung ist also zutiefst bedroht von negativen Denkmöglichkeiten, vom Lästerungsgedanken des ewig breiten Grabens oder von der Schreckensvision des Irrtum spendenden Gottes.

Diese ›Auslieferung‹ der Vernunft an die Geschichte entfremdete Lessing von seinen aufklärerischen Freunden. An Moses Mendelssohn schrieb er Ende 1780: **Daß Ihnen nicht alles gefallen, was ich seit einiger Zeit geschrieben, das wundert mich gar nicht,** und er unterstellt dem Freund sogar, dieser habe sich in **Zurückerinnerung an unsere besseren Tage noch etwa bei der und jener Stelle täuschen können. Die besseren Tage** – sie waren offenbar für den 51-jährigen Schriftsteller vorbei. Die Zeit des Fragmentenstreits ist die Zeit von Lessings biografischer Katastrophe: Er hatte seinen Lebensplan, als freier Schriftsteller zu arbeiten und **niemands Herr noch Knecht** sein zu wollen, aufgeben müssen; seine Hamburger Projekte, ein Nationaltheater zu gründen und einen Autorenverlag ins Leben zu rufen, waren gescheitert; er nahm die Bibliothekarsstelle in Wolfenbüttel an: So konnte er – als **Hofrath** – der Kaufmannswitwe Eva König und ihren Kindern aus erster Ehe immerhin eine gewisse materielle Sicherheit bieten; 1776 heiratete Lessing. Weihnachten 1777 wird Lessings Sohn geboren, er stirbt zwei Tage später; am 10. Januar 1778 stirbt seine Frau. Lessings Briefe an seinen Freund Eschenburg in Braunschweig geben Einblick in seine Situation:

> **Mein lieber Eschenburg. Ich ergreife den Augenblick, da meine Frau ganz ohne Besonnenheit liegt, um Ihnen für Ihren gütigen Antheil zu danken. Meine Freude war nur kurz: Und ich verlor ihn so ungern, diesen Sohn! denn er hatte so viel Verstand! so viel Verstand! – Glauben Sie nicht, daß die wenigen Stunden meiner Vaterschaft, mich schon zu so einem Affen von Vater gemacht haben! Ich weiß, was ich sage. – War es nicht Verstand, daß man ihn mit eisern Zangen auf die Welt ziehen mußte? daß er sobald Unrath merkte? – War es nicht Verstand, daß er die erste Gelegenheit ergriff, sich wieder davon zu machen? – Freylich zerrt mir der kleine Ruschelkopf auch die Mutter mit fort! – Denn noch ist wenig Hoffnung, daß ich sie behalten werde. – Ich wollte es auch einmal so gut haben, wie andere Menschen. Aber es ist mir schlecht bekommen.** *Lessing*

> **Lieber Eschenburg,**
> **Meine Frau ist todt: u. diese Erfahrung habe ich nun auch gemacht. Ich freue mich, daß mir viel dergleichen Erfahrungen nicht mehr übrig seyn können zu machen; u. bin ganz leicht [...]**

Lessing zieht sich in seinem Wolfenbütteler Bibliothekarshaus in das Sterbezimmer seiner Frau zurück; von diesem Arbeitsplatz aus führt er den Streit um die religionskritischen Reimarus-Fragmente weiter; und hier entsteht 1779 der *Nathan*. J. Ph. Reemtsma hat seine Beobachtung, dass der **humane Grundton** in den Erinnerungsbüchern von Überlebenden wie

Primo Levi oder Imre Kertesz **wesentlich phobischer Natur** sei, auch beim *Nathan* und seinem Autor bestätigt gefunden:

> **Sie gehen mit der Welt und ihrem Menscheninventar um, als wär's aus Glas. [...] Hierin mag überhaupt der Zauber des Stückes liegen, das selber etwas Gläsernes hat, etwas zu Behutsames. Es mag so auch ein wenig weniger rätselhaft bleiben, wie Lessing nach dem Tod der so großen liebenswerten, klugen und schönen Eva König und dem des neugeborenen Sohnes noch einmal die Energieleistung aufbrachte, alle Kraft und Kunst zusammenzunehmen und den *Nathan* zu schreiben. (*Lessingpreis-Rede* 1997, s. Mat. 9, S. 131 f.)**

Lessing hat bekannt, nie mit größerem Vergnügen und rascher geschrieben zu haben als am *Nathan* – morgens ab sechs, mit der Katze auf dem Tisch, nur vier Monate an diesem Text arbeitend (so Hochhuth in seiner Hamburger Rede zum 200. Jahrestag der Beerdigung Lessings 1981). Ein knappes Jahr nach der familiären Katastrophe beginnt Lessing die Arbeit an diesem seinem letzten Drama, ein knappes Jahr vor seinem Tod – in diesen **schlechtern** Tagen der häufigen Erkrankungen, der gesellschaftlichen Ächtung und der Peinigung durch die alle Anstrengung in Frage stellenden ›Lästerungsgedanken‹ – schließt Lessing den *Nathan* ab.

3 »Nathan der Weise«. Interpretation des Textes

3.1 Handlungsstruktur des dramatischen Gedichts

In auffallender Weise ›pendelt‹ die Handlung des fünfaktigen Dramas zwischen Komödie und Tragödie: vorwärts treibende, auf einen ›guten Schluss‹ zielende Elemente wechseln fortlaufend mit retardierenden Momenten, die Düster-Bedrohliches ins Spiel bringen (vgl. dazu die Schematisierung des Handlungsverlaufs). Lessing hat sein ›dramatisches Gedicht‹ in fünffüßigen Jamben verfasst; der bewusst nicht immer saubere Blankvers (**ich dächte, die Verse wären viel schlechter, wenn sie viel besser wären**) spiegelt das Kalkül, das bewusst Gemachte des Ganzen[33], das durchaus keine natürlich-selbstverständliche ›Familienzusammenführung‹ darstellt, wie es dem flüchtigen Leser scheinen mag; vielmehr gelingt es nur mit Mühe, die Handlung einem erfreulichen, wenn auch unwahrscheinlichen Schluss zuzuführen. Wie bei den *Juden* wird auch hier durchaus ein ›Lustspiel zum Weinen‹ geboten, wenn etwa nur das allzu machtbesessen-bombastische Auftreten des Patriarchen den von unklaren Gefühlen getriebenen Tempelherrn daran hindert, den beabsichtigten, nicht wieder gutzumachenden Verrat an Nathan zu begehen. Besonders Schiller hat diesen unklaren Charakter des Stücks, sein Pendeln zwischen Komödie und Tragödie, bemängelt und es sich erlaubt (s. das Kapitel zur Rezeptionsgeschichte), durch drastische Eingriffe den *Nathan* zu ›reinigen‹. Das Holprig-Gemachte der Verse, der verfremdend-orientalische Ton des Ganzen, die Gefährdung des guten Ausgangs durch das ganze Drama hindurch: All das gehört zusammen und kulminiert in dem Widerspruch, dass Lessing sein Drama von Toleranz und Menschlichkeit in die Kreuzzugszeit verlegt, sodass die dramaturgische Interpolation – die ›allseitigen Umarmungen‹ der Schlussszene müssten eigentlich vor dem Hintergrund des erneut in Kreuzzugsflammen stehenden Palästina stattfinden – gar nicht so abwegig wäre. Im Spiel, im Theater findet die komödienhafte (Er-)Lösung statt, derer die Wirklichkeit bedürfte; hier gelingt es, die dunklen, geschichtsbestimmenden Mächte zu bannen und in einem Erziehungsprozess umzugestalten. Auf dem Höhepunkt des Dramas, in der Mitte des dritten Aufzugs, muss der Repräsentant der weltlichen Macht aus Gründen akuter Finanzknappheit heraus dem reichen Kaufmann Nathan eine **Falle** (III 4–6) stellen um ihn dann finanziell erpressen zu können. Und in dieser Situation gelingt es dem nicht nur reichen, sondern auch weisen und geschickten Nathan, durch ein **Märchen,** durch ein **Geschichtchen** (III 6, 7 = S. 70,71[34]), das eigentlich ja nur ein Vorspiel sein sollte

Handlungsstruktur: Das »Nathan«-Drama als dramatische Mischform

Aufzüge:	I. (Exposition)		II. (Schürzung)				III. (Peri-
Momente der Bedrohung	Brand des Hauses	Derwisch gegen den Sultan	Patriarch will Tempelherrn als Werkzeug	Sittahs Plan gegen Nathan	Al Hafis Flucht	Ahnung verwandtschaftlicher Beziehungen	
Momente, die zur ›guten Lösung‹ vorwärts drängen	Rückkehr Nathans	Wiederfinden des Tempelherrn		Freundschaft zwischen Nathan und Tempelherr			Zusammenführung von Tempelherrn und Recha

Aufzüge	-petie)	IV. (retardierende Momente)				V. (Lösung)
Momente der Bedrohung	Heiratsverweigerung durch Nathan, Empörung des Tempelherrn	Dajas ›Geständnis‹	Denunziation beim Patriarchen	Erinnerung an die Vergangenheit (Pogrom in Gath)	Dajas ›Entdeckung‹	(Kreuzzüge)
Momente des Vorwärtsdrängens	Freundschaft zwischen Nathan und Saladin		Freundschaft zwischen Tempelherr und Saladin	Klosterbruder bei Nathan		Auflösung

(III 7 = S. 71, V. 1905 f.), der Falle zu entgehen, den Fallensteller ins Unrecht zu setzen und ihn bei alledem sogar noch als Freund zu gewinnen. Dem Wort eine derart anrührende, verwandelnde Kraft zuzueignen, sodass tatsächlich durch Sprache Versöhnung und Wahrheit gestiftet werden, das wagt LESSING in diesem Stück. Dass dies nicht in unreflektierter Naivität geschieht, ist angesichts der theologiegeschichtlichen und biografischen Vorgeschichte klar. Überraschend aber mag es trotzdem sein, dass LESSING den Freundschaftsbund zwischen Sultan und Nathan – sein unwahrscheinliches Zustandekommen einmal gesetzt – prinzipiell in seinem Nutzen in Frage gestellt hat: in den Äußerungen des Derwischs Al Hafi, der nicht mehr vom Sultan, sondern vom Herrschaftssystem spricht, das Unterdrückung produziert, egal, wer Sultan ist und wie er denkt. Während das Drama selbst zu einem guten Ende kommt und damit der Komödie nahe steht, wird die ganze Hoffnungskonzeption, durch Beeinflussung und Erziehung eines Herrschers die Geschichte zum Guten wenden zu können, durch die Aussagen des Derwischs in Frage gestellt. Die Rettung des Humanen nur jenseits der Politik und der Geschichte, die der Derwisch als einzig verbleibende menschliche Möglichkeit sieht, setzt ein Fragezeichen hinter alle Bemühungen Nathans in Politik und Geschichte Humanität zu verwirklichen.

3.2 Die Nathan-Figur

Nathan, den das Volk **der Weise** nennt (III 5 = S. 68), gilt als **ehrlich** und **großmütig,** obwohl er **Händler** ist (II 3 = S. 43) und Schulden einzukassieren hat (I 1 = S. 5). Seine Weisheit hindert ihn nicht, als Kaufmann klug und emsig (II 3 = S. 43), als Gesprächspartner eines Mächtigen pfiffig-geschickt (III 7 = S. 71 ff.), als Pädagoge kräftig zupackend (I 2 = S. 10 ff.) oder einfühlsam-motiverforschend (II 5 = S. 46 ff.), als Hausvater bestimmt oder auch einmal ungeduldig (z. B. gegenüber Daja, S. 7 V. 62) zu sein. Obendrein gilt er als vorurteilsfrei, tugendhaft, ästhetisch gebildet (II 3 = S. 43). Al Hafi beschreibt ihn als Schachliebhaber und jemanden, der zu leben weiß (II 2 = S. 42). Der Reichtum eröffnet ihm eine gewisse Unabhängigkeit gegenüber den Mächtigen in Staat und Kirche, seine Toleranz und Menschenfreundlichkeit erschließen ihm die engen Beziehungen zum Derwisch und zum Klosterbruder. Kann dieser so allseitig gütige und geschickte Mann überhaupt als reale Gestalt gedacht werden? Auf jeden Fall entspricht er keiner engen Definition oder Charakteristik: Er ist weise und zugleich pfiffig; er **weiß zu leben** und weiß, wann er den Sultan **bedienen** sollte (III 5 = S. 68); er ist äußerst sensibel und empfindsam und zugleich ist er entschiedener Pädagoge, ja Arzt, der bittere Medizin zu verabreichen sich keinen Augenblick scheut; er ist sparsam (I 3 = S. 18 f.) und er weiß zugleich, wann er einem Mächtigen ›freiwillig‹ geben muss (III 7 = S. 76).

Nathan benötigt diese ›positive Vielfalt‹ um die ihm vom Autor zugedachte Rolle in dem Drama spielen zu können. Während die beiden anderen Vertreter toleranter Humanität, der Derwisch und der Klosterbruder, fliehen oder sich vor ihren legitimen Auftraggebern verstecken müssen, ›hält‹ Nathan ›durch‹, ja er bestimmt sogar den Verlauf der Ereignisse. Sein Reichtum ermöglicht seinen Einfluss auf den Sultan; seiner Geschicklichkeit und seiner pädagogischen Weisheit ist es zuzuschreiben, dass er den Sultan zum Freund gewinnt und so den guten Ausgang des Dramas anbahnt; und dass ihm an seinem Reichtum nichts gelegen ist, dass er ihn anderen Zwecken unterordnen und dienstbar machen kann, ermöglicht es ihm, die Freundschaft zum Herrscher zu sichern und sie nicht erneut einer Belastungsprobe auszusetzen, die aus der materiellen Bedrängnis des Sultans zwangsläufig erwachsen müsste: Nathan stattet den Sultan überreichlich mit dem nötigen Geld aus (IV 3 = S. 95).

Geschickte Klugheit, Weisheit, übergroßer Reichtum, inneres Gelöstsein vom eigenen Besitz – ist das in einer realen Person zusammen denkbar? Gehört Nathan zu den Märchenfiguren? Das wäre durchaus möglich, denn warum sollte das Gesamtdrama nicht ein ›Märchen‹ ganz wie jene Ringerzählung sein? Warum also sollte Nathan nicht so eine Figur wie der Richter der Ringparabel sein: ohne Realität zwar, aber mit Wirkung auf den Zuhörer, sei es der Sultan, sei es der Leser oder Theaterbesucher?

Lessing selbst gibt seiner Nathan-Figur allerdings reale Konturen, die sie der Märchenwelt entziehen: Im IV. Aufzug (S. 110 f.) wird Nathans Biografie in einem erschütternden Gespräch angedeutet; und diese Biografie impliziert die Behauptung, dass Nathan selbst und sein Verhalten real möglich sind. Nathan ist nicht, was er ist, sondern seine allseitige Persönlichkeit ist Ergebnis eines Lernens aus grässlichen Erlebnissen. Kann der Einzelne aus erlittener Geschichte so lernen? Diese Frage stellt sich angesichts der Nathan-Figur. Ist es denkbar, dass ein reicher Mann im Krieg seine ganze Familie verliert und daraus, nach einer Zeit der Verzweiflung und des Hasses, die Konsequenz zieht, dem Religions- und Rassenhass ganz abzuschwören und alles in seiner Kraft, auch in seinem Reichtum und seiner Intelligenz Stehende zu tun um diesen Hass zwischen Menschengruppen abzubauen? Ist es denkbar, dass jemand durch den Krieg (genauer: durch den Mord der Christen) die eigenen Kinder verliert und doch ein christliches Waisenkind adoptiert? Diese Fragen müssen jedem Leser zur eigenen Entscheidung überlassen bleiben. Nathan ist nicht von Natur aus, was er ist, sondern er ist es in einer grässlichen Geschichte geworden: Seine Güte und seine pädagogische Entschiedenheit, seine Freigebigkeit wie seine Menschenkenntnis sind in dieser Weise erst aus dem Blutbad in Gath hervorgegangen. Kann das real sein? Nathan hat auf Rache verzichtet und auf die sanfte Stimme der Vernunft gehört (die zu ihm dasselbe sagt wie der Engel in der Wüste zum verzweifelten Propheten Elia: **Steh auf!**, vgl. 1 Kön. 19 Vers 5). In der innigen Liebe zu Recha hat er sein Leben wiedergefunden. Die Unermüdlichkeit, mit der sich Nathan um die Menschen und die Welt kümmert, ist dem Blick in die Hölle (dort in Gath) geschuldet; der Überlebende weiß, wie fragil die Welt ist und von wie viel Destruktivität bedroht.

Nathan erzählt seine Geschichte unter dem Siegel der Verschwiegenheit (**Nehmt sie aber mit ins Grab!**) dem Klosterbruder, und auch im Drama ist diese Erzählung relativ versteckt in der 7. Szene des IV. Aufzugs. Es fallen Parallelen zu LESSINGS eigener Geschichte ins Auge. Nathan hat seine gesamte Familie durch den Pogrom der Christen in Gath verloren, LESSINGS Frau starb im Kindbett, nachdem zuvor schon der kleine Sohn gestorben war. Nathans ›Hass‹ auf die Christen korrespondiert mit LESSINGS bitterem Sarkasmus: Er sei so klug gewesen, dieser Sohn, dass er sofort **Unrath merkte** und **die erste Gelegenheit ergriff, sich wieder davon zu machen;** Nathan berichtet, er habe **mit Gott gerechtet,** und LESSING spricht vom **Unrath** der Welt; LESSINGS tiefe Verletzung durch das Erlebte spiegelt sich in seinem **Ich wollte es auch einmal so gut haben wie andere Menschen. Aber es ist mir schlecht bekommen,** Nathan spricht davon, er habe **die Welt verwünscht;** dem Hiobston bei Nathan entspricht das indirekte Jeremiazitat (**Ach, meine Mutter, daß du mich geboren hast!** Jer. 15, 10) in LESSINGS Brief über den Tod seines Sohnes.

Und **doch [...] kam die Vernunft allmählich wieder,** berichtet Nathan und bereitet damit seine Entscheidung vor, ein ihm plötzlich von einem Reitknecht übergebenes Mädchen zu adoptieren; von LESSING wird berichtet, dass er seine ganze Liebe und Fürsorge seinen Stiefkindern zugewendet habe. LESSING schrieb den *NATHAN* nach den Ereignissen der Jahreswende 1777/78, er gab trotz dieser bitteren privaten Erfahrungen das Engagement gegen den ›Lästerungsgedanken‹, alle Geschichte sei sinnlos und mit der Vernunft unvereinbar, nicht auf; Nathans Verarbeitung seiner Erfahrungen gibt ihm die Kraft und die persönliche Freiheit zu seinem Einsatz für tolerante Menschlichkeit in einer Zeit, die solchem Ideal Hohn zu sprechen scheint.

Was aber in Nathan lebendig bleibt, ist die Angst. Er weiß um die dauernde Gefährdung seiner Existenz, er spürt die latente Missachtung und weiß, wie schwer es ist, sich dauernd zurückgestoßen zu fühlen und doch kein Menschenfeind zu werden. Immer ist er in Angst um seine Tochter. Die Nachricht, Recha sei zur Schwester des Sultans gerufen worden, und Nathans Gedanke, der Patriarch könne dabei seine Hand im Spiel haben, lösen bei ihm Panik aus. Gegen die Intrigen Dajas, gegen die Besitzansprüche des verliebten Tempelherrn und gegen das besitzergreifende Spiel Sittahs und Saladins sieht sich Nathan erst dann geschützt, als sich Recha emanzipiert-unabhängig zu ihm, dem Juden, als ihrem Vater bekennt (3704). Nathans Angst, seine Bitterkeit, aber auch sein Versuch, dem Unabänderlichen sich nicht entgegenzustemmen, prägen sein Verhalten das ganze Stück hindurch; diese Art der ›Weisheit‹ ergibt sich aus einer ganz spezifischen Lebensgeschichte (IV 7) und ist nicht als Muster vorbildlichen Verhaltens anzusehen. Nathans Weisheit, die der lebenslangen Auseinandersetzung mit seiner Verlusterfahrung entspringt, ist keine für immer beruhigte Gemütslage; Nathan ist verwundet, und das macht ihn zu einem weisen, sich beherrschenden, zu einem ganzen Menschen.

Wie tritt Nathan konkret auf? Mit welchen Mitteln erzählt und beeinflusst er andere Personen? Wir wollen diese Fragen, die uns bei der Analyse der Ringparabel wieder begegnen werden, exemplarisch anhand von Szene I 2 (S. 10 ff.) zu beantworten suchen. Von seiner Haushälterin Daja hat Nathan erfahren, dass in seiner Abwesenheit sein Haus gebrannt hat und dass seine (Pflege-) Tochter Recha nur durch den Einsatz eines vom Sultan seltsamerweise begnadigten Tempelherrn aus den Flammen gerettet worden ist. Einfühlsam prognostiziert er (S. 9), dass Recha ihren Retter, der jeden Dank schroff abgewiesen hat, schwärmerisch verehrt. Die Christin Daja muss diese Diagnose anerkennen, will freilich die Schwärmerei als **süßen Wahn,** als **frommes Schwärmen** positiv gewertet wissen. Im Gespräch mit seiner Tochter, das gleichsam mit einem nachhallenden Hilferuf der Gefährdeten einsetzt (**Wo bleibt Ihr? Was für Berge, / Für Wüsten, was für Ströme trennen uns / Denn noch?**), hört Nathan zunächst die Schwärmerei seiner Tochter, die von wundersamer Rettung durch einen **Engel** spricht. Nathans Einwand, **auch nur ein Mensch** als Retter müsste wie ein Engel wirken, stößt bei seiner Tochter auf Widerstand: Gott habe ein Wunder an ihr getan, und also sei der Engel ein **wirklicher** Engel gewesen. Nathan wird unwillig, er schließt einen allgemeinen Exkurs über ›Wunder‹ und **echte alltägliche Wunder** an und schilt seine Tochter (und ihre Gesellschafterin) im Vergleich als **Kinder,** die **gaffend nur das Ungewöhnlichste, / Das Neuste nur verfolgen.** Mit Fragen bohrt er sich ins Denken seiner Tochter:

> **Meiner Recha wär'**
> **Es Wunders nicht genug, daß sie ein *Mensch***
> **Gerettet, welchen selbst kein kleines Wunder**
> **Erst retten müssen? Ja, kein kleines Wunder!**
> **Denn wer hat schon gehört, daß Saladin**
> **Je eines Tempelherrn verschont?**

Doch er hat keinen Erfolg; spitzfindig schließt Recha innerhalb ihres schwärmerischen Systems, dass der Retter ein wirklicher Engel hat sein müssen, da ja Tempelherrn in Jerusalem nicht frei herumlaufen können. Die Auseinandersetzung spitzt sich zu: Recha droht ihrem Vater: **Nein Vater, wenn ich irr', Ihr wißt, ich irre / Nicht gern.** Nathan schilt auf das **wundersücht'ge Volk.** Daja will glätten:

Was schadet's – Nathan, wenn ich sprechen darf –
Bei alle dem, von einem Engel lieber
Als einem Menschen sich gerettet denken?
Fühlt man der ersten unbegreiflichen
Ursache seiner Rettung nicht sich so
Viel näher?

Nun packt der Pädagoge Nathan zu. Mit Daja beginnt er eine scharfe Auseinandersetzung und ihr erstes Eingeständnis, dass Nathans Ausführungen stichhaltig sind, liefert ihm Material für den Belehrungsvorgang, den er anschließend für seine Recha, die rationaler Argumentation ja nicht zugänglich war, inszeniert. Dajas Versuch, Nathan zu besänftigen (**was schadet** denn solche Schwärmerei?), beantwortet er mit einem Bild:

Der Topf
Von Eisen will mit einer silbern Zange
Gern aus der Glut gehoben sein, um selbst
Ein Topf von Silber sich zu dünken.

Nachdem er so angedeutet hat, dass der Kern der Schwärmerei Menschenverachtung ist (es genüge nicht aus ›Eisen‹, also irdisch, zu sein, nur Silber, das Besondere, Über-Irdische, habe Wert), nimmt er Dajas Frage, was es denn schade zu schwärmen, wieder auf und dreht sie um: **Was hilft es?** Wieder lässt er den Gesprächspartner sich selbst Antwort geben. Dem Bildspruch und der rhetorischen Frage folgt eine kategorische Feststellung: Die Abwertung des Menschen und seiner Praxis in der Schwärmerei sei **Unsinn oder Gotteslästerung,** denn sie impliziere, dass die menschliche Sphäre gottesfern sei oder dass das gläubige Gefühl keinerlei Konsequenzen für die eigene Praxis habe, denn solches Gefühl schade nicht und helfe nicht. Dann lenkt Nathan auf die Ausgangsfrage zurück und beantwortet sie schroff: [...] **ja, es schadet allerdings.** Auf der Basis des häuslichen Zutrauens kann er trotzdem in diesem Augenblick der Konfrontation seine beiden Zuhörerinnen einladen, ihm näher zu kommen und weiter zuzuhören: **Kommt! hört mir zu!** Nathan wechselt aus der theoretischen Polemik ins Feld der konkreten Praxis: Fragend nimmt er seine Gesprächspartner, besonders seine Tochter, mit in seinen Gedanken, indem er ihren eigenen Wünschen nachspürt:

Nicht wahr? dem Wesen, das
Dich rettete [...]
dem möchtet ihr, und du besonders,
Gern wieder große Dienste tun? –

Dies ist gleichsam ein erneuter Versuch der Überzeugung und Belehrung, nun Schritt für Schritt vorgetragen; zunächst gesteht Nathan sogar noch zu, dass dies **Wesen** ein **Engel oder ein Mensch** gewesen sein könnte. Aber was nützen alle Dienste des Menschen einem Engel? **Alles nichts.** Ja, Nathan setzt seine Gesprächspartner ein wenig ins Unrecht: Der Engel bleibt von der menschlichen Dankbarkeit ungerührt, während der Mensch immer dieser unfruchtbaren Dankbarkeit sich rühmen kann. Schlussfolgerung: **Allein ein Mensch** hat etwas von der Dankbarkeit der Geretteten. Dies gibt Daja zu und Nathan erfährt davon, dass der Tempelherr **verschwand.** Hier bohrt er nach, indem er nun seine beiden Zuhörerinnen ›in Furcht und Mitleid‹ versetzt. Der schwärmerischen Vision, die zur praktischen Tatenlosigkeit verführte (**grausame Schwärmerinnen**), stellt Nathan die Vision des elend gewordenen menschlichen Retters gegenüber, er mobilisiert so die Kräfte des Mitleids gegen die der schwärmerischen Weltflucht. Dass dieser Prozess aufwühlend und verwirrend in tiefe Bereiche des Gefühls eindringt (vgl. auch S. 56), wird an Rechas Sprachlosigkeit deutlich. Ihr Erschrecken über die von Nathan praktisch aufgezeigten Konsequenzen ihrer mitleidsvergessenen Schwärmerei macht sie stumm und Nathan hat alle Mühe, ihr übermäßiges Erschrecken in Bahnen des Mitleids und des nichtschwärmerischen Handelns zu lenken:

> **Recha! Recha!**
> **Es ist Arzenei, nicht Gift, was ich dir reiche.**
> **Er lebt! – komm zu dir!**

Abschließend kann Nathan zusammenfassen, und der gewandte Pädagoge tut es wieder in Form einer Frage, die der Belehrte selbst sich beantworten muss:

> **Begreifst du aber,**
> **Wie viel a*ndächtig schwärmen* leichter, als**
> ***Gut handeln* ist?**

Und versöhnlich in der Form gibt er den vorhin gescholtenen Frauen zu, er wisse, dass ihre Motive lauter gewesen seien; freilich in der Sache urteilt er schroff; ihre Schwärmerei war Faulheit im Handeln:

> **(Begreifst du aber,) wie gern der schlaffste Mensch**
> **Andächtig schwärmt, um nur, – ist er zu Zeiten**
> **sich schon der Absicht deutlich nicht bewußt –**
> **Um nur gut handeln nicht zu dürfen?**

Diese Art familiären Umgangs miteinander konstituiert die Liebesbeziehung zwischen Recha und Nathan: Sie antwortet, freilich noch nicht ganz erholt von ihrer Angst, in die Nathan sie versetzt hat:

> **Mein Vater! laßt, laßt Eure Recha doch**
> **Nie wiederum allein!**

Wechsel der Ebenen des Gesprächs, Zuspitzung der Gedanken ins Konkret-Praktische, Hineinnahme der Zuhörer in den Gedankengang durch dauernde rhetorische Fragen, Wechsel der Sprechart, klare Härte und Deutlichkeit der Aussage bei einladend-versöhnlicher Gestik im Gesprächsgang, Ansprechen tieferer Gefühlsebenen durch die Weckung von Furcht und kritischer Selbstanalyse – das sind die Elemente dieser ›Erziehung zum Mitleid‹, die Nathan als Pädagoge – zugleich klug, geschickt und weise – aufbietet.
Und doch entgleitet die Christin Daja dieser Pädagogik. Nathans Hausgenossin bleibt Schwärmerin im Denkkreis ihrer Religion.

3.3 Problematisierungen der Nathan-Figur

Nathans pädagogisches Geschick, seine Güte und sein Reichtum sind Voraussetzungen für den ›guten Ablauf‹ des Dramas. Trotz ihres Erfolges aber wird diese zentrale Figur und ihr Tun durch LESSING selbst in ihrem Realgehalt in Frage gestellt. Nathan, der einen absoluten Herrscher erzieht, vermag seine Haushälterin nicht zu beeinflussen; ›vernünftige Pädagogik‹ und ruhige Menschlichkeit scheinen gegenüber der Emotionalität des jungen Tempelherrn nichts bewirken zu können; vor allem aber: die Worte des Derwischs hinterfragen die Möglichkeit einer Veränderung durch Fürstenbeeinflussung ganz prinzipiell.

3.3.1 Unbeeinflussbare Schwärmerei als ein Stück Heimat im Exil: Daja

Nathans christliche Haushälterin Daja, die ihn – freilich im Interesse ihrer Liebe zu seiner Pflegetochter Recha und in der Hoffnung, so die eigene Rückkehr nach Europa beschleunigen zu können – den **Weisen, Reichen** und **vor allem Guten** nennt (I 6 = S. 30), ist nicht erziehbar und wird von Nathan falsch eingeschätzt. Nathan hat ihr gegenüber kapituliert, er schneidet ihr, wenn sie auf ihr **Gewissen,** auf ihr religiöses Herzensanliegen zu sprechen kommen will, das Wort ab (I 1 = S. 6 f.; IV 6 = S. 105 f.); diese **alte Leier** spielt aber noch eine solch verlockende Melodie, dass Daja trotz ihrer Beteuerungen, Nathan sei gütig und großzügig, dem Juden Nathan sofort zu unterstellen bereit ist, dass er Rechas Liebesglück zerstören wolle, nur um sie einem christlichen Mann nicht geben zu müssen (III 10 = S. 85 f.). Getrieben von der Ungeduld ihrer Religiosität und von der Stärke ihrer Europasehnsucht glaubt sie Nathans Versprechen, auch ihr Gewissenserleichterung zu schaffen, wenn sie nur seinem Plane vertraue und zurückhaltend bleibe (II 8 = S. 54), nicht, sondern geht auf eigene Faust vor: Sie informiert den Tempelherrn über Rechas christliche Herkunft und offenbart dieser selbst ihr Getauftsein um so die Verbindung der beiden jungen Christen gegen Nathan zu erzwingen. Sie, die sich durch Nathans

Güte erpresst fühlt (S. 6 Z. 37–39), ist ohne viel Überlegung bereit ihn ganz handfest zu erpressen: **er m u ß wollen** (III 10 = S. 84). Zu Unrecht hat Nathan sein Vertrauen in Daja gesetzt. Nathans tadelndes und mahnendes Wort ist Dajas religiöser Ungeduld gegenüber machtlos, er kann sie nicht an unüberlegtem Tun mit gefährlichen Konsequenzen hindern. Mehr noch: statt zumindest nachträglich über die möglichen schlimmen Folgen ihrer religiösen Eiferei, die sich um Nathans Mahnungen und Bitten nicht gekümmert hat, zu erschrecken, geht Daja blind weiter und nimmt nun nicht einmal mehr Rücksicht auf die Auswirkungen ihres Tuns auf die von ihr betreute und geliebte Recha: Sie will nun den zweiten Schritt auch wagen, Recha selbst zu entdecken, wer sie ist (IV 8 = S. 114). Dass sie glaubt, so ein **Wink** könne Recha **nicht schaden,** zeigt ihre Blindheit und ihr Unverständnis für andere Menschen; Recha wird durch diese ›Aufklärung‹ in einen furchtbaren Zwiespalt gestürzt, den sie stammelnd und unter Tränen Sittah gegenüber zur Sprache bringt (V 6 = S. 132):

Ich sei
Aus christlichem Geblüte; sei getauft
Sei Nathans Tochter nicht; er nicht mein Vater! –
Gott! Gott! Er nicht mein Vater ! – Sittah! Sittah!

Daja hatte versucht den von ihr unterstützten, ja geschürten (S. 59 f. Z. 1578 ff.) Wunderglauben Rechas – ein Engel, kein Mensch habe sie aus dem brennenden Haus gerettet – vor Nathan zu rechtfertigen, indem sie behauptete, in diesem **Wahn** würden **sich Jud' und Christ und Muselmann vereinigen** (S. 10). Dieses Modell der Vereinigung im Wunderglauben ist der karikierende Kontrapunkt zur freundschaftlichen Vereinigung der verschiedenen Religionsangehörigen im Schlusstableau. Während die menschliche Vernunft um praktische Vereinigung sich müht, bleibt die religiöse Schwärmerei praxislos, ja, sie erweist sich als Element der Entzweiung. Der Wunderglaube nutzt nichts, er schadet sogar, weil er ohne Mitleid ist. Diese Lehre Nathans, die er zu Beginn des Dramas Recha und Daja demonstriert, erweist in Dajas Tun sowohl ihre Richtigkeit durch den Schaden, den sie gestiftet, als auch ihre Unfruchtbarkeit dieser Christin gegenüber. Die Erkenntnis, dass es doch selbst das größte Wunder ist, wenn ein Mensch einen anderen rettet, hat Nathan ihr nicht vermitteln können; und in das ›Schluss-Wunder‹ dieser Art, in die praktisch-menschliche Vereinigung von Jud, Christ und Muselman ist Daja nicht eingeschlossen. Unbelehrt durchläuft sie das ganze Stück.

Und doch ist diese Christin keine eindeutige Figur in diesem Stück. Recha charakterisiert sie als eine **gute böse** Frau (V 6 = S. 130), die sie mit aufopfernder Liebe gepflegt habe. Ihre Erziehung sei aber zugleich ein Quälen und Ängstigen gewesen, weil sie **aus Liebe** das geliebte Kind auf den **einzig wahren Weg,** den sie als Christin zu kennen glaubte, habe drängen wollen. Und in diesem missionarischen Drängen habe sich ihre Religion selbst ambivalent gezeigt:

> **Ihr Seufzen,**
> **Ihr Warnen, ihr Gebet, ihr Drohen hätt'**
> **Ich gern noch länger ausgehalten; gern!**
> **Es brachte mich doch immer auf Gedanken,**
> **Die gut und nützlich.**

In vielem konnten sich sogar Nathan und Daja, die in früheren Tagen intensiver miteinander geredet haben, einigen, so zum Beispiel in der Ansicht, **daß Ergebenheit/In Gott von unserm Wähnen über Gott/So ganz und gar nicht abhängt.** (III 1 = S. 60). Solche Ansichten waren es auch, die Recha den Glaubensgeschichten ihrer Erzieherin entnahm. Und doch ›untergräbt‹ der religiöse Eifer, die Schwärmerei diese schöne und Menschen vereinigende Ambivalenz der christlichen Religion: Nun beginnt Gott *einer* Religion allein zu gehören und Nathan wird für Daja beinahe zum Feind (anklagend fragt deshalb Recha: **Was tat er dir, mir immer nur mein Glück/So weit von ihm als möglich vorzuspiegeln?**). Das Ambivalente schlägt um ins Einseitige, an die Stelle der Liebe zu Recha tritt die eigene Sehnsucht nach Europa und der Missionseifer; und hier urteilt Recha in ihrem letzten Wort über Daja scharf: **Allein – allein – das geht zu weit!,** sie ruft sogar den Sultan um Schutz vor Dajas Machenschaften an.

Daja lebt unbeeinflussbar mit Nathan zusammen. Von Reue oder Veränderung ihrer Denkungsart erfahren wir nichts.

3.3.2 Im Wechsel der Gefühle: der Tempelherr

Nathans pädagogische Weisheit scheitert nicht nur an der christlichen Hartnäckigkeit und der egoistischen Europasehnsucht seiner Haushälterin, sondern auch an der impulsiven Emotionalität seines jungen ›Freundes‹, des Tempelherrn.

Saladin hatte diesen Kreuzritter nach seiner Gefangennahme begnadigt, weil er in ihm seinen Bruder wieder zu erkennen glaubte; der so Gerettete wurde der Lebensretter für Recha, als diese im brennenden Haus eingeschlossen war. Freilich vermag der Tempelherr in dieser Tat nichts zu sehen, was ihn in engere menschliche Beziehung zur Geretteten setzen könnte; seine gedankenlose Tat verdiene keinen Dank (I 6 = S. 31), so analysiert er selbst sein Tun; vor allem aber hindert ihn seine antisemitische Befangenheit (**er kömmt zu keinem Juden,** sagt Daja von ihm, und abwertend stellt er selbst fest: **Jud ist Jud**) den Dank der Geretteten entgegennehmen zu können.

Nathan gelingt es in einem Gespräch (II 5 = S. 46 ff.), den Tempelherrn zu beschämen: Nachdem zunächst der Tempelherr in heroisch-lebensverachtendem Gestus seine Rettungstat abgewertet hatte (**Mein Leben war mir ohnedem / In diesem Augenblicke lästig**), verunsichert ihn Nathan durch seine Anmerkung, dies so erklärte Tun sei **groß! groß und abscheulich!**; Nathan insistiert darauf, dass die Tat Bewunderung und Dank verdiene, und er macht dies an der Aussage des Tempelherrn selbst fest: Er wolle sich nur bescheiden **hinter das Abscheuliche** flüchten, **um der Bewunderung auszuweichen.** Der so gelobte Kreuzritter bleibt ablehnend und verbalisiert nun auch Nathan gegenüber sein Vorurteil (**der reichre Jude war / Mir nie der beßre Jude**). Als nun Nathan den versengten Mantel des Christen küsst und so indirekt (als die Person sich tot und unempfindlich stellt, drückt Nathan sein Gefühl lebendig dem toten und doch in seiner Beschädigung deutlich sprechenden Mantel gegenüber aus) seine Dankbarkeit äußert, beschämt er den jungen Ritter; dieser wird nun unsicher (**dieser Jud' [fängt] an mich zu verwirren**) und beginnt stammelnd in dem Juden einen Menschen zu sehen (**Aber, Jude – / Ihr heißet Nathan? – Aber, Nathan –**). Sofort baut Nathan ihm eine Brücke, die ihm den Rückzug von seinem vorurteilsgeprägten Stolz erleichtern soll: Nur seine Biederkeit habe ihn ja wohl gehindert für die Dankbarkeit des geretteten Mädchens während der Abwesenheit ihres Vaters zugänglich zu sein. So wird der Tempelherr gleichsam abgeholt; als er bemerkt, dass Nathan mit der unterstellten Biederkeit auf Ideale des Tempelordens anspielt (**Ihr wißt, wie Tempelherren denken sollten**), erteilt ihm Nathan eine weitere Lektion: Da er selbst **bieder** gehandelt habe, sei diese vornehme Handlungsweise nicht allein Sache des Ideals (**sollten bloß?**), und da der Jude dieses Handeln als gut und dankenswert anerkennt, kann solches Handeln nicht auf eine Religion oder einen Orden beschränkt sein. Noch wehrt sich der Tempelherr gegen den praktischen Vollzug seiner Einsicht, dass der Jude ein Mensch mit konkretem Namen ist, und er startet einen Diskurs über die Geschichte der jüdischen Menschenmäkelei. Nathan folgt ihm nicht ins Theoretisieren, sondern bleibt ganz im Konkreten: bei ihnen selbst, dem einen Juden und dem einen Christen. Und er fragt: Was sind wir eher, **Christ und Jude?** oder **Menschen?** Der Tempelherr ist geschlagen, er dringt auf Freundschaft, er ist nun fähig die Dankbarkeit anderer Menschen freudig anzunehmen. Nachdem er schon in der Beziehung zu Saladin erkannt hatte, dass das Gefühl verwandtschaftlicher Relation nicht so sehr den Bluts- und Naturbanden als vielmehr dem emotionalen Einklang entspringt (I 5 = S. 28 f.), gibt er nun auch seinen Antisemitismus auf und wird Freund eines Juden. Nathan sieht eine **heitre Ferne** vor seinen Blicken **sich aufschließen:** Das mag sich konkret auf das Verhältnis zwischen Recha und ihrem Retter beziehen, aber zugleich schwingt darin auch die Hoffnung auf das Gelingen seiner humanisierenden Pädagogik mit.

So scheint Nathans Prognose (II 5 = S. 46), dass der Tempelherr einen

guten Kern unter einer **bittren Schale** habe, zutreffend gewesen zu sein. Aber wie schnell wird der Tempelherr wieder ›rückfällig‹! Als Nathan nicht gleich vom **Freund** zum **Sohn** übergeht und so den Verliebten (sein Stammeln und Sich-Verlieren in III 2 = S. 62 f.) bremst (III 9 = S. 80) und als Daja ihm Rechas christliche Herkunft enthüllt, wieder beleben sich sofort alle Bestandteile des Ressentiments: Er beruft sich gegen Nathan auf die Stimme der Bluts-**Natur** (III 10 = S. 86 f.) und er äußert sich wieder antisemitisch (IV 4 = S. 99 f.); ja, er beschimpft sogar die Utopie, die Nathan entworfen hatte – und die ja auch die Utopie des ganzen Dramas ist (!) –: Das **Geschwätz von heitrer Aussicht** habe ihn **verführt** (IV 4 = S. 100). So gepackt von den alten Vorurteilen war er zum Patriarchen gerannt und hätte beinahe Nathan denunziert. Nur die **Blutbegier des Patriarchen** ließ ihn noch einmal innehalten und hinderte ihn Namen zu nennen. Einzig die allzu verbrecherischen Absichten des Patriarchen, die dieser aus dem religiösen Denken heraus abzuleiten und zu rechtfertigen versucht, bremsen den **plumpen Schwaben, im Wirbel der Unentschlossenheit** ein **Schurke** zu werden. Das Plump-Unpädagogische des Patriarchen erzieht den Tempelherrn sowohl am Beginn (I 5 = S. 22 ff.) als auch auf dem Höhepunkt des Dramas. **Aus Fehlern keimt unsre Tugend**, äußert sich Saladin (IV 4 = S. 102) über die Reue des Tempelherrn; und die Fähigkeit zur Selbstkritik ermöglicht es dem jungen Christen (V 3 = S. 118 f.), diesen Keim fruchtbar werden zu lassen. Gegenüber Nathan gesteht er: **Die Schurkerei des Patriarchen [...] hat mich des nächsten Wegs wieder zu mir selbst gebracht,** d. h. Nathans Pädagogik wäre gegenüber der emotionalen Krisis des Verliebten und Enttäuschten machtlos gewesen; einzig die Abschreckung, die die kaum verhüllte Intoleranz bewirkt hat, ließ den jungen Ritter zu einer Menschlichkeit, die den Menschen nicht durch Bluts- oder Volksnatur in erster Linie bestimmt sieht, zurückfinden: er anerkennt und bewundert Nathan als den Vater seiner Geliebten, weil dieser Jude ihr den **höhern Wert,** die **göttliche Gestalt** gegeben habe (V 3 = S. 118 f.).

Dass dieses Drama der Humanität das Moment der vorurteilsverwandten Impulsivität nicht ausklammert, sondern es gerade in seiner Unbeeinflussbarkeit zeigt, wird kurz vor der Idylle des Schlusstableaus noch einmal gezeigt. Wieder fährt der Tempelherr – gegen alle guten Vorsätze und Zurede von jeder Seite – auf und beschimpft die Geliebte, weil sie zunächst an ihren Vater und nicht an ihn denkt. In dieser Szene wird seine Bitterkeit überspielt und übergangen, er muss den Verlust seiner Geliebten hinnehmen und sie als Schwester akzeptieren, das leidenschaftliche Verhältnis weicht einem natürlichen und die Umarmungen der Schlussszene werden für ihn zur Realisierung seiner **Kindheitsträume:** Heimat, in der noch niemand war[35]?

3.4 ›Realfiguren‹

Als wie problematisch LESSING die Nathan-Figur und damit zugleich den optimistischen Gestus des *NATHAN*-Dramas empfand, wird noch deutlicher, wenn wir nun die Inkarnationen der ›Realkräfte‹, den Patriarchen und den Sultan, untersuchen. Der Patriarch ist deutlich die Verkörperung von Intoleranz und Inhumanität: Und diese Gegenmacht muss enthistorisiert und karikiert werden, damit sie im Drama wird, was sie in der realen Geschichte nur leider selten ist: die Macht, die Böses will und Gutes schafft. Der Sultan Saladin wird sympathisch gezeichnet, in der Freundschaft zwischen ihm und Nathan verschmelzen tatsächlich Geist und Macht; aber genau dieser höchsten Hoffnung des Humanismus gegenüber[36] formuliert der Derwisch Al Hafi seine Fragen, die dem Stück unbeantwortet nachhallen; seltsam desintegriert bleibt auch die Schwester des Sultan, die zwar am Ende an den **Umarmungen** teilnimmt, ihr gemeines Ränkeschmieden gegen Nathan aber weder bedauert noch widerruft.

3.4.1 Die Gegenmacht: der Patriarch

In der Gestaltung des Patriarchen wird deutlich, dass sich LESSING zwar auf die Kreuzzugshistorie bezieht, in der konkreten Gestaltung allerdings auf den geschichtlichen Ablauf zugunsten der inneren Logik seines Dramas und mit der Absicht, aktuelle Bezüge herzustellen, keine Rücksicht nimmt[37]: Natürlich befand sich der historische Patriarch Heraklius seit der Rückeroberung Jerusalems durch die Muslime 1187 nicht mehr in dieser Stadt. Und natürlich hat dieser Patriarch nicht die Sprache des Hamburger Hauptpastors und Zensors J. M. Goeze gesprochen, wie es die LESSING-Figur tut.

Der historische Patriarch, dem der französische Historiker Marin[38] eine Liaison mit der Königin-Mutter nachsagt, weshalb diese ihn bei der Patriarchen-Wahl protegierte, soll ein **Greuel der Verwüstung sitzend an der heiligen Stätte**[39] gewesen sein. Als Saladin nach seiner Einnahme Jerusalems den Christen erlaubte, sich für je einige Denare Lösegeld freizukaufen, plünderte Heraklius aus den christlichen Kirchen der Stadt die kostbaren Teppiche und Goldbrokate, entrichtete seine zehn Lösegeld-Denare und weigerte sich – voll gepackt mit den Reichtümern der Stadt –, aus seinem Besitz Lösegelder für die Armen bereitzustellen.[40]

LESSING bedauert, dass dieser Mann **in meinem Stück noch bei weitem so schlecht nicht erscheint als in der Geschichte.** Dieser Heraklius war ein ›würdiger‹ Repräsentant der blutigen Kreuzzugsepoche. Die aggressive Intoleranz und das klerikale Machtstreben, das nur notdürftig durch religiöse Argumente kaschiert wird, spiegeln in LESSINGS Patriarchen-Figur in abgeschwächter Form jenen Ungeist der Kreuzzugszeit wider, der in dem Kreuzfahrerlied greifbar wird, das im Zusammenhang mit der christlichen Eroberung Jerusalems 1099 entstanden ist:[41]

Von Blut viel Ströme fließen,
indem wir ohn' Verdrießen
das Volk des Irrtums spießen –
Jerusalem, frohlocke!
Des Tempels Pflastersteine
bedeckt sind vom Gebeine
der Toten allgemeine –
Jerusalem, frohlocke!
Stoßt sie in Feuersgluten!
Oh, jauchzet auf, ihr Guten,
dieweil die Bösen bluten –
Jerusalem, frohlocke!

In diese Zeit des Terrors und des religiösen Wahns stellt Lessing sein Stück vom Sieg der Menschlichkeit. Ein Tag im Waffenstillstandsjahr 1192 wird zum Feiertag einer Versöhnung über nationale und religiöse Schranken hinweg, einer Versöhnung, die von der Gegenkraft der Intrige und Intoleranz nicht aufgehalten werden kann, genauer gesagt: die von ihr im Drama nicht aufgehalten werden kann, denn in der Realität des 12. und 13. Jahrhunderts wurde der Krieg durch den Waffenstillstand nur unterbrochen, nicht beendet. Das Drama entzieht dem Patriarchen und den von ihm repräsentierten Kräften gleichsam in einem utopischen Vorgriff einen Teil der realen Macht. Dies geschieht nicht nur aus dem Grund, weil Lessing die antihumanen Kräfte der Kreuzzugszeit den antiaufklärerischen Gestalten seiner Gegenwart angleichen wollte; denn wäre es ihm ›nur‹ um Aktualisierung gegangen, dann hätte der Patriarch immerhin noch einigen Einfluss auf die Obrigkeit und die Öffentlichkeit haben müssen: Der im Patriarchen abgebildete Pastor Goeze hat es vermocht, die herzoglich braunschweigische Obrigkeit zu veranlassen, Lessings polemisch-theologische Publikationen unter Zensur zu stellen und die ›öffentliche Meinung‹ der Zeit gegen Lessing zu mobilisieren.[42] Auch 1779 waren die Dunkelmänner nicht so ohnmächtig wie der Dramenpatriarch.

Dieser Patriarch versucht durch plumpe Schmeichelei (**Daß Gott zu großen, großen Dingen Euch / Müss' aufbehalten haben**) und religiöse Bestechung (wer für ihn, den Patriarchen, arbeite, dem **werd' einst im Himmel Gott / Mit einer ganz besondern Krone lohnen**) den Tempelherr als Boten und Spion zu gewinnen (I 5), der zugunsten der christlichen Sache alle Moral vergessen und Saladin, der ihn begnadigt hatte, hintergehen und verraten soll. Der Klosterbruder, der mit entsprechendem Auftrag des

Patriarchen den Tempelherrn aufsucht, denunziert die schmutzigen Absichten seines Auftraggebers durch die dauernd wiederholte Beteuerung, nicht sein eigenes Wollen, sondern der Patriarch spreche aus ihm, er selbst verstünde das Verlangen des Patriarchen nicht (**Ich muß gehorchen, Der Patriarch [...] Ich hab' mich oft gewundert, / Wie doch ein Heiliger, der sonst so ganz / Im Himmel lebt, zugleich so unterrichtet / Von Dingen dieser Welt zu sein herab / Sich lassen kann**); die Unmoral des religiös nur noch notdürftig getarnten Machtdenkens des Patriarchen tritt durch die dauernden Selbstentschuldigungen seines Boten und durch dessen gewollt-ungeschickte Zitierung der Patriarchensprüche krass zutage und veranlasst den Tempelherrn in seiner ablehnenden Entscheidung ganz sicher zu werden. Hatte Nathan – exemplarisch im Gespräch mit Recha und Daja über das Schwärmen – versucht Gott und Mensch zusammenzudenken, indem er aufweist, dass Menschen als Boten und Helfer Gottes auftreten, so reißt der Patriarch bewusst Gott und Mensch auseinander und macht so Gott zu einem Un-Menschen: **Nur, – meint der Patriarch, – sei Bubenstück / Vor Menschen, nicht auch Bubenstück vor Gott** (I 5 = S. 28). In dem Gespräch mit dem Tempelherrn (IV 2 = S. 90 ff.) begegnet dies Auseinanderreißen von Göttlichem und Humanem als eine Voraussetzung inhumaner Religiosität sofort wieder; der Patriarch setzt Gott und Vernunft auseinander, um begründen zu können, dass im Fall eines Widerspruchs zwischen dem Wort der Kirche und dem der Vernunft der Kirche gegen die Vernunft zu folgen ist: Gottes Tun als Schöpfer ist nicht nach Vernunft zu bemessen, sondern es ist frei und willkürlich; so erscheint zugleich die Vernunft als anmaßend und Gott als Despot, Gott und menschliche Vernunft erleiden Schaden durch diese machtpolitisch motivierte Sophisterei. Die Entscheidung, die der Patriarch in Bezug auf den vom Tempelherrn vorgetragenen Fall des von einem Juden erzogenen Christenmädchen gibt, spiegelt dieselbe denkerische Figur wider: **besser, / Es [das Kind] wäre hier im Elend umgekommen, / Als daß zu seinem ewigen Verderben / Es so gerettet werd.** In diesen Worten wird zugleich die menschliche Hilfsbereitschaft geschmäht und herabgesetzt und der christliche Gott zu einem Kinder mordenden Saturn herabgewürdigt. Die Schmähung spontaner Menschlichkeit und Vernunft und die damit einhergehende Zeichnung Gottes als eines willkürlich brutalen Götzen eröffnet dem **Eiferer dieses Gottes** den Weg zu seiner blutigen Konsequenz: **der Jude wird verbrannt** bzw. **den Garaus ihm [dem Saladin] zu machen.** Freilich erscheint dieser Verbrecher im Drama als lächerliche Figur (**ein dicker, roter, freundlicher Prälat**), da ihm die Machtmittel für sein verderbliches Tun fehlen und da seine Versuche, den Tempelherrn zu seinem Werkzeug zu machen, wegen seiner plumpen Offenheit scheitern; seine pathetisch-autoritäre Gestik (**nur ist**

der Rat auch anzunehmen) ist leer, weil ihre Drohungen nicht durch reale Machtmittel ›gedeckt‹ sind.

Das befreiende Lachen, das beim Zuschauer entspringt, wenn sich Wille zum Terror und Ohnmacht des Tuns glücklich fügen, trifft in erster Linie den im Patriarchen karikierten zeitgenössischen Gegner LESSINGS, den Hamburger Pastor Goeze. Wie der Patriarch hatte er 1778 – mit Verweis auf die Bauernkriege und das Münsteraner Täuferreich – den Staat an seine Aufgabe erinnert, den Glauben und die Religion zu schützen, wenn nicht der Staat selbst Schaden nehmen wolle. Wie der Patriarch hatte Goeze es mit pathetisch-autoritärer Gestik abgelehnt, einen **Fall,** den LESSING in seinen religionsphilosophischen Schriften vorgetragen hatte, zu durchdenken, solange er nicht wisse, ob **der Fall ein Faktum** oder **nur ein problema** sei. Wie der Patriarch hatte Goeze (im Gefolge des ersten Reimarus- und LESSING-Respondenten Schumann) das Recht der menschlichen Vernunft eingeschränkt und ihr die Willkür des Schöpfergottes, der nur der (also unvernünftige) Glaube korrespondieren könne, übergeordnet.

Die Darstellung Goezes in der Patriarchen-Figur zeitigt einen doppelten Effekt: 1. Der – vom äußeren Publikationsverlauf her gesehen – ›Sieger‹ des Fragmentenstreits, J. M. Goeze, der LESSING tatsächlich mit dem **Spiel seines Witzes auf das Theater verwiesen** hat (denn LESSING durfte in religiösen Dingen nichts mehr ohne Zensur drucken lassen und musste deshalb **auf seine alte Kanzel, die Bühne** ausweichen[43]), wird lächerlich gemacht, indem nun eben in einer Theaterarbeit die Leere seiner autoritären Anmaßung bloßgestellt und der Lächerlichkeit preisgegeben wird; LESSING verspottet den Sieger, und dieser Spott erweist sich von der Wirkungsgeschichte des Fragmentenstreits her als nur zu berechtigt: Goeze lebt nur noch weiter durch LESSINGS Polemik, einem Insekt gleich, das sich in einem Stück Bernstein verfangen hat.[44] 2. Goeze wird als Patriarch **zur Kenntlichkeit entstellt**[45]; seine Zensur- und Verfolgungsvorschläge, auch seine antagonistischen Entgegensetzungen von Göttlichem und Menschlichen, erscheinen im Licht ihrer historischen Konsequenz. Er wäre ein Kreuzfahrer und Ketzerverbrenner gewesen, aber in seiner Zeit vermag er aufgrund seiner Machtlosigkeit kaum Unheil zu stiften; die Gestaltung Goezes in der Patriarchen-Figur zeigt die blutigen Konsequenzen seines Denkens und gibt diese Figur der Lächerlichkeit preis. Freilich: Diese Lächerlichkeit existierte so nur im Theater, wohin LESSING, durch Goeze gezwungen, ausweichen musste; in der Kreuzzugszeit selbst stand den Patriarchen alle Macht zur Verfügung und auch 1779 war der Realeinfluss solcher Figuren noch spürbar. Das Drama zeigt – durchaus zur Erheiterung der Zuschauer –, wie die Anschläge des Patriarchen vor allem durch ihn selbst (**Die Schurkerei des Patriarchen [...] hat mich des nächsten Weges**

zu mir selbst gebracht, sagt der so umworbene Tempelherr) scheitern; er aber bleibt im Hintergrund des Geschehens präsent, er sinnt weiter auf Krieg und Machtzuwachs, während auf der Vorderbühne Versöhnung und Frieden gefeiert werden.

3.4.2 Der gute Sultan als Unterdrücker: Saladin, Sittah und die Frage des Derwischs

Einbezogen in die ›allseitigen Umarmungen‹ der Schlussszene sind die Repräsentanten der politischen Macht: der Sultan Saladin und seine Schwester Sittah. Freilich klingt Saladins treffende Selbsteinschätzung nach: **Leider bin / Auch ich ein Ding von vielen Seiten, die / Oft nicht so recht zu passen scheinen mögen.** (IV 4 = S. 99). LESSING hat aus dem großen Sultan, dessen Einigungspolitik die letzte Glanzperiode des Kalifenreichs ermöglichte, eine sympathische, menschliche Gestalt gemacht; zwar erklärt er das Verhalten des Sultans nicht in erster Linie aus den realpolitischen Konstellationen oder aus der Koranglaubigkeit dieses Herrschers, aber er folgt doch auch nicht den beschönigenden Quellen seines Saladin-Wissens, den Ausführungen Marins und Voltaires, die den Sultan zum Idealbild eines aufgeklärten Monarchen umgestaltet haben. Züge des historischen Sultans sind im Drama verarbeitet: seine Freigebigkeit, sein von den zeitgenössischen Kreuzfahrern abstechender Großmut und seine Friedensbereitschaft, auch die Kriegsmüdigkeit seiner letzten Lebensjahre, die ihn den seltsamen Plan des englischen Kreuzkönigs Richard ›Löwenherz‹ ernsthaft erwägen ließ, welcher vorsah, dass Richards Schwester Johanna von Sizilien Saladins Bruder ehelichen sollte um so Palästina zu einigen. Der Plan scheiterte aber am notwendig werdenden Religionsübertritt eines der beiden Brautleute.[46]

Saladin, dessen Gedanken – wie die eines kleinen absolutistischen Landesherrn zur LESSING-Zeit[47] – dauernd ums fehlende Geld kreisen, wird aufgrund seiner Finanzschwäche zu einer Schurkerei getrieben, die ihm das Geld des reichen Juden Nathan verschaffen soll. Den Plan hat seine Schwester Sittah ausgeheckt, die den schuldbewussten Sultan (**Ich soll Fallen legen […] um Geld zu fischen; Geld! – Um Geld / Geld einem Juden abzubangen; Geld!**) beruhigt: **Die Schlinge liegt / Ja nur dem geizigen, besorglichen / Furchtsamen Juden** (alles III 4 = S. 66) – und der Sultan muss sich beugen und sich mit der beschönigenden Aussage seiner Schwester zufrieden geben, denn vor der **Kleinigkeiten kleinster,** dem Geld, muss auch der Sultan kapitulieren. Nur durch äußerst geschicktes Vorgehen vermag sich der Jude der Falle zu entziehen und den Sultan zu beschämen. Zugleich vernichtet der Reiche die Wurzel der herrscherlichen Schurkerei, indem er Saladin seiner Finanzknappheit enthebt (**Da dacht' ich, ob nicht du**

vielleicht, – weil doch / Ein naher Krieg des Geldes immer mehr / Erfordert, – etwas brauchen könntest, III 7 = S. 76). Auf dieser Basis kann nun nicht nur Saladin, der schon vor Nathans Geldangebot von seinem Erpresserplan selbst erschrocken abgerückt war (**Ich Staub? Ich Nichts?**), sondern auch Sittah als die Anstifterin der **Falle** in die Schluss-Versöhnung integriert werden.

Sittah, die in Gelddingen realistische Beraterin ihres Bruders, äußert keine Selbstkritik und repräsentiert so die Gewaltstruktur auch der ›guten Herrschaft‹: Sie treibt Al Hafi, den Schatzmeister des Sultans, in die Enge, indem sie aus ihm sein Wissen über den reichen Nathan herauspresst, sie entwirft in genauem, machtpolitischem Kalkül den Plan, Nathan in die Hand zu bekommen:

> **Was braucht es mit den Schwachen für Gewalt,**
> **Als ihre Schwäche** [...]
> **Es reift indes bei mir vielleicht ein Anschlag,**
> **Den ich auf diesen Nathan habe.** (II 3 = S. 44)

Und sie ist auch nach Nathans Freundschaftsschluss mit Saladin schnell bereit die Gewalt des Herrschers (auch gegen seine Freunde) zu propagieren:

> **Wie also, Saladin? wenn du**
> **Nur gleich das Mädchen zu dir nähmst.** (IV 5 = S. 103)

Durch die Worte der so geraubten Recha wird die Sultansschwester als ›unverkünstelt‹ und beherrscht charakterisiert, beherrscht in dem Sinne, dass vor ihr **kein Winseln, kein Verzweifeln** gilt: **Kalte, ruhige Vernunft / Will alles über sie allein vermögen.** Sittah repräsentiert also neben ihrem ein wenig launischen, großmütigen und leicht zu begeisternden Bruder die Realprinzipien der Macht: Kälte der Vernunft, selbstverständliche Handhabe herrscherlicher Macht, Wissen um die Bedeutung des Geldes. Einzig der Geldüberfluss der letzten Szenen, als Nathan den Sultan beliefert und außerdem noch das Tributgeld aus Ägypten eingetroffen ist (V 1), enthebt Sittah der Notwendigkeit im Dienst der Macht ihres Bruders andere direkt zu erpressen und auszuplündern. Die Frage, was wäre geschehen, wenn ...?, liegt auf der Hand und ist vom Derwisch Al Hafi deutlich genug beantwortet worden: selbst der großmütigste Herrscher kann seine Macht nur auf der Ausplünderung seiner Untertanen aufbauen; neben dem **guten Sultan**, dem es genügt, ***Ein* Kleid, *ein* Schwert, *ein* Pferd, – und *einen* Gott** zu haben (II 2 = S. 39; als historischer Ausspruch Saladins überliefert), steht immer seine rechnende und machtbewusste Schwester; ja, sie drängt sich auch in die Versöhnungsrunde des Schlusstableaus (**Ich auch! Ich auch!**) ohne ihre Prinzipien geändert zu haben. Sie ist gleichsam der Schatten der Macht, der hinter der Gestalt des gütigen Sultans auf den Boden fällt, ja fallen muss, wenn der Gütige der Mächtige sein soll. In der Figur der

Sittah konkretisiert sich Al Hafis Erkenntnis über den Widerspruch des guten Herrschers:

> Ei was! – Es wär' nicht Geckerei,
> Bei Hunderttausenden die Menschen drücken,
> Ausmergeln, plündern, martern, würgen; und
> Ein Menschenfreund an einzeln scheinen wollen? (I 5 = S. 20)

Nur aufgrund der Tributzahlungen seiner Untertanen kann der Sultan gütig, tolerant und lernfähig sein.

> Für die Aufklärung kann es kaum eine schönere Form der Tugend geben als da, wo der Herrscher um den Arm des Bettlers bittet, um Bettlern wahrhaft königlich geben zu können. Wenn nun der Derwisch gerade hier seine ausweglose Verstrickung in den Schuldzusammenhang der Welt erkennt, so wird jenes Tugendpathos überhaupt in Frage gestellt [...] Hier ist eine letzte Möglichkeit Lessingschen Denkens ausgesagt, die zu seinen Äußerungen über die Möglichkeit des Menschen, das Gute zu tun, in scharfer Spannung steht.[48]

Die Humanität des Sultans gerät also prinzipiell ins Zwielicht und die Flucht des Derwischs ist ein pointiertes Fragezeichen hinter dem Sinn, den Nathans pädagogische Anstrengung in der Auseinandersetzung mit dem Herrscher haben kann. Der Derwisch behauptet, nur am Ganges, als Bettler unter Bettlern, ›Mensch‹ bleiben zu können; ist er durch das Schlusstableau, das die menschliche Zusammengehörigkeit über Religions-, Nations- und Ständeschranken hinweg vorspielt, widerlegt? Widerlegt durch eine Gemeinsamkeit aufgrund von Tributzahlungen und unter Einschluss der Repräsentantin der kühl rechnenden Macht? Widerlegt durch ein humanes Friedensfest, in dessen Hintergrund andere, nur auf kurze Zeit ins Dunkel der Wirkungslosigkeit gerückte Gestalten auf Krieg sinnen? Die Fragen machen deutlich, wie gefährdet LESSING den utopisch-guten Schluss seines Spiels konstruiert, wie umstritten, ja unterhöhlt er im Drama selbst ist. Vielleicht war es gerade dieser Zusammenhang von Hoffnung auf Humanität und verzweifelter Flucht im Drama, auf den LESSING auch *außerhalb* des Stücks aufmerksam machen wollte, wenn er plante (Brief an seinen Bruder Karl im April 1779) seinem *NATHAN* ein Stück über den Derwisch beizugeben. Von diesem Drama, das LESSING **diesen Sommer** 1779 ausarbeiten wollte, ist uns nichts erhalten geblieben – oder war es nur LESSINGS Absicht durch diese Ankündigung unseren Blick auf die Derwisch-Figur und ihre das Gesamtdrama hinterfragende Funktion im *NATHAN* zu lenken?

3.5 Der Klosterbruder: ein Analphabet als gefesselter Vertreter der Menschlichkeit

Die emphatisch gefeierte Integration verschiedener Religionen und Nationen zur Menschheitsfamilie ist im Verborgenen durch drei Menschen vorbereitet worden, die (ganz im Sinne des *Ernst und Falk*-Dialogs von Lessing) daran gearbeitet haben, die Trennungsmauern zwischen den Menschen möglichst weit abzutragen: durch Nathan, durch Nathans Freund, den Derwisch, und durch den Klosterbruder Bona Fides. Wie Al Hafi das Tun Nathans grundsätzlich in Frage stellt und für sich selbst als Ausweg nur die Flucht in eine Gesellschaft gleicharmer Bettler sieht, haben wir analysiert. Wie Lessing im *Nathan* Menschlichkeit konkret denkt und welche Gefährdungen er ins Auge fasst, verdeutlicht sich in der Figur des Klosterbruders: dieser Analphabet (**Ich kann nicht lesen,** IV 7 = S. 112) – der Aufklärer und Hofbibliothekar Lessing provoziert so manchen ›Bildungsträger‹! – ist es, der die Menschheitsfamilie gleichsam gestiftet hat, indem er ein christliches Waisenkind dem Juden Nathan zur Pflege übergab: **Kinder brauchen Liebe [...] In solchen Jahren mehr, als Christentum. / Zum Christentume hat's noch immer Zeit.** Der Klosterbruder tritt zunächst als komödiantische Figur in Erscheinung: Als er im Auftrag des Patriarchen den Tempelherrn zur Spionage überreden soll, durchwirkt sein naiv-plumpes, seine Mittlerrolle illustrierendes und denunzierendes ›**sagt der Patriarch**‹, ›**meint der Patriarch**‹ die Szene (I 5). Komödiantisches und befreiendes Aufseufzen auch beim Leser bzw. Zuschauer bewirkend ist sein Abschiedswort an den Tempelherrn, der den Patriarchen-Auftrag zurückgewiesen hat: **Ich geh', und geh' vergnügter als ich kam.** Dass gerade diesen verschmitzt-einfachen Mann die kalte Logik der Intoleranz und die den Wirren des Krieges geschuldete Unsicherheit des moralischen Urteils schmerzlich betrifft, dass gerade im Leiden dieser ›Komödienfigur‹ die verborgene Tragik der Situation anschaulich wird, kommt zum Vorschein, als der Tempelherr in seiner enttäuschten Verwirrung den Patriarchen um Rat angehen will: **nun hat's doch nachgewirkt,** seufzt der Laienbruder (IV 1 = S. 89) und äußert so seinen Schmerz über das eigene Beteiligtsein an den Machenschaften des Patriarchen. Sehnsüchtig erwartet er seine Loslösung aus dem erlittenen Schuldzusammenhang:

> **Bin**
> **Ich darum aus der Welt geschieden, ich**
> **Für mich; um mich für andre mit der Welt**
> **Noch erst recht zu verwickeln?**

Der Hintergrund der Zeitgeschichte spiegelt sich in den Äußerungen des Schmerzes, mit denen dieser gutherzige Christ Nathans Lebensgeschichte anhört: **Allgerechter! [...], Ach [...], Nathan! Nathan!** Ihm, dem die Welt und ihre Verwicklungen zu viel sind, ihm, der sich in komödiantischer Schläue den Plänen des Patriarchen versagt, ohne sein Gehorsamsgelübde offen zu brechen, gibt Nathan das Wissen um das Grauen des Krieges zu tragen. Diesem Kriegsfeuer, dem seine Opfer nicht mehr zu entreißen waren (**daß unter diesen meine Frau / Mit sieben hoffnungsvollen Söhnen sich / Befunden, die [...] / insgesamt / Verbrennen müssen,** IV 7 = S. 110), haben freilich beide, der Klosterbruder wie Nathan, eine ›Tat‹ entgegengestellt: Nathan, der das ihm übergebene elternlose Kind aufnahm (**So viel weiß ich nur: ich nahm / Das Kind, trug's auf mein Lager, küßt' es**), und der Klosterbruder, der als Reitknecht nur dem Gedanken folgte: **Kinder brauchen Liebe** und der sich um Religionsschranken des Kindes wegen nicht kümmerte und weiterhin nicht kümmert:

> **Zum Christentume hat's noch immer Zeit.**
> **Wenn nur das Mädchen sonst gesund und fromm**
> **vor Euren Augen aufgewachsen ist.** (IV 7 = S. 110)

Das Wissen um die Absicht des Patriarchen und um die Geschichte Nathans führt nun allerdings dazu, dass der Klosterbruder nicht länger in der Spannung leben und sie komödiantisch ausgleichen kann. Wie der Derwisch muss er nun fliehen, zumindest sich dem Patriarchen und damit dem ihm verordneten Gehorsamsverhältnis auf einige Zeit entziehen. Als Nathan überlegt, was der Klosterbruder seinem Patriarchen über das Vorgefallene berichten kann, deutet dieser an, dass er sich dem Patriarchen entziehen wird (Nathans Schlusssatz: **Sagt ihm auch heute, was Ihr wollt** erhält die Replik: **Ich nicht,** V 4 = S. 121); wie der Derwisch grüßt der Klosterbruder wie zum letzten Mal **Lebt wohl** und wird durch Nathans Beschwörung **Vergeßt uns ja nicht, Bruder!** ebenso wenig wie der Derwisch durch Nathans **Warte doch, Al Hafi!** noch erreicht. Nur der Reiche, Unabhängige bleibt zurück und vermag das Spiel zum guten Ende zu bringen; seine beiden Freunde, die in ihrer selbstständig denkenden Natürlichkeit und ihrer komödienhaften Heiterkeit das Ideal aufgeklärter Menschlichkeit verkörpern, müssen sich ihren institutionellen Bindungen und Rollen entziehen um nicht als Teile der Institutionen ihre Menschlichkeit zu verlieren: Der sich in der Schlussszene darstellenden Menschheitsfamilie fehlen einige Glieder, Nathan geht seiner eigenen Freunde verlustig und steht am Ende außerhalb der Umarmungen allein.

3.6 Die »Ringparabel«: das Märchen im Märchen

Inhaltlich wie formal bildet Nathans Ringerzählung den Mittelpunkt des ganzen Dramas: In der Märchenerzählung Nathans spiegelt sich das Märchenhafte des Gesamtdramas selbst, in der Reaktion des Sultans wird die gewünschte Zuschauer- und Zuhörerreaktion gleichsam abgebildet, durch die Erzählung des Ringmärchens kann sich Nathan der Falle des Sultans entziehen und so die Gesamthandlung zum Guten wenden (Peripetie des dritten Aufzugs). Diese Thesen gilt es im Einzelnen zu entfalten und zu belegen, wobei sich unsere bisherigen interpretativen Hypothesen nun von der Ringerzählung und ihren Implikationen her prüfen lassen müssen.

Aus Geldnot heraus stimmt der Sultan dem Plan seiner Schwester zu, dem reichen Juden Nathan eine Falle zu stellen, die ihn erpressbar machen muss: Indem Nathan Antwort auf die Frage nach der richtigen Religion geben muss, wird er entweder den Sultan persönlich angreifen *(du hast die falsche Religion!)* oder sich selbst verleugnen *(meine Religion ist falsch)* müssen. Beide Male – so muss doch der nicht offen ausgesprochene Plan der Sittah aussehen – wird Nathan zahlen müssen: einmal um den beleidigten Sultan zu entschädigen, das andere Mal, seine eigene Inkonsequenz bzw. Furchtsamkeit zu kaschieren; denn im zweiten Falle könnte ihn ja der Sultan zwingen entweder zum Islam zu konvertieren oder – eben zu zahlen.

LESSING folgt bei der dramatischen Konstruktion der ›Falle‹ ganz seiner Ringparabel-Vorlage, der Melchisedek-Erzählung aus BOCCACCIOS *DECAMERONE*. Zugleich aber gestaltet er die Auseinandersetzung zwischen seinem Freund, dem Berliner Juden Moses Mendelssohn, und dem Schweizer Pietisten Johann Caspar Lavater nach (vgl. Kap. 2.2).[49]

Nathan, der den Zusammenhang zwischen Geldnot und Wahrheitsfrage wittert (**Wie Geld in Sack, so striche man in Kopf / Auch Wahrheit ein?**), versucht die Antwort zu verweigern und seine Antwortverweigerung in einem ›Geschichtchen‹ zu begründen; betroffen akzeptiert Saladin diese Antwort auf seine Frage, und damit ist der Freundschaftsbund zwischen Macht und Weisheit gegründet, der die Voraussetzung des weiteren guten Ablaufs der Handlung ist.

Auf die Sultan-Frage, welche Religion nach Meinung des weisen Juden die **aus Einsicht, Gründen** bessere ist, antwortet Nathan nicht; diese Antwortverweigerung verdeckt er zunächst durch sein ›Geschichtchen‹, das zu erzählen er den Sultan um Erlaubnis gefragt hat. Hat er im Vorspann zu seiner Erzählung bereits das ideelle Publikum ins Weltweite ausgedehnt (**Möcht' auch doch / Die ganze Welt uns hören,** sagt Nathan gegen Saladins **Laß mich die Wahl** [...] **– versteht sich, im Vertrauen – wissen**), so spannt er zu Beginn seiner Geschichte den Zeitbogen in die fernste Vergangenheit: **Vor grauen Jahren lebt' ein Mann im Osten.** Nathan gelingt es zunächst nicht, den Sultan in den Ton des Erzählers einzustimmen; der Sultan drängt: **Weiter!** und **Komm mit deinem Märchen / Nur bald zu Ende. – Wird's?**; auch Nathans Versuch, am Ende der Ringerzählung (**der rechte Ring war nicht / Erweislich**) den Sultan zur Übertragung des Gehörten auf den erfragten Kasus zu bewegen – Regieanweisung: N. lässt eine **Pause, in welcher er des Sultans Antwort erwartet** –, gelingt nicht: Der Sultan schweigt und reagiert auf Nathans eigene Ausdeutung, die ja nun seine Antwortverweigerung offen legt, unwillig: **Wie? das soll / Die Antwort sein auf meine Frage?** Nathans Entschuldigung, die sich auf sein ›Geschichtchen‹ zurückbezieht, lässt Saladin nicht gelten, er nennt das Märchen ein **Spiel,** kurz, er lässt sich nicht, wie Nathan gehofft hatte, ›abspeisen‹. Nun ist Nathan gezwungen auch seinerseits auf der ›Realebene‹ zu sprechen: Den deutlichen Unterschieden der Religionen in ihrer Gegenwartserscheinung setzt er ihre Gemeinsamkeit, die in ihrer Geschichtlichkeit liegt, entgegen: **Denn gründen alle sich nicht auf Geschichte?**; und aus der geschichtlichen Gestalt der Religionen schließt er auf die Unzuverlässigkeit der Geschichte und die Notwendigkeit von **Treu und Glauben** bei der ›Annahme von Geschichte‹ zurück; er überführt den Sultan, dass dieser das Geschichtchen allzu simpel ausgedeutet und übertragen hat: Nicht die Erscheinung der Religionen, sondern die ihnen wesentliche Geschichtlichkeit ihrer Begründungen macht sie in ihrer objektiven Wahrheit so **unerweislich.** Hier nun, nach Nathans inhaltlicher Begründung seiner Antwortverweigerung, reagiert Saladin betroffen; er erkennt seine Anmaßung (**Bei dem Lebendigen / Der Mann hat Recht. / Ich muß verstummen.**) und ist nun bereit das ›Märchen‹ weiterzuhören und in ihm Belehrung zu erfahren: Jetzt fragt er selbst interessiert in Nathans Erzählung hinein (**Und nun, der Richter?**), kommentiert emphatisch (**herrlich! herrlich!**) und reagiert auf Nathans Schlussfrage, die das Geschichtchen wieder zur Gegenwart öffnet (**Saladin, / Wenn du dich fühlest, dieser weisere / Versprochne Mann zu sein** […]), erschüttert: **Ich Staub? Ich Nichts? / O Gott!** Nun kann der Sultan selbst das ›Geschichtchen‹ zu Ende denken und in dieser Fortsetzung seiner Selbstkritik offenen Ausdruck geben: **Die tausend tausend Jahre deines Richters / Sind noch nicht um. – Sein Richterstuhl ist nicht / Der meine.**

Ganz im Stile einer Komödie will nun der – wieder geldvergessene – Sultan den reichen Juden wegschicken, aber dieser besteht auf dem anfänglichen Geldthema. Alles rundet sich, für Nathan wie für den Sultan, zum Besten; allerdings erschallt von Ferne der Lärm neuer Kriege: **weil doch / Ein naher Krieg des Geldes immer mehr / Erfordert,** begründet Nathan sein Geldangebot.

Aus Giovanni Boccaccios *Decamerone* (1349–52):
Die Erzählung von den drei Ringen (die 3. Novelle des ersten Tages):

> **Als Neiphile schwieg und ihre Geschichte von allen gelobt worden war, fing Philomele, nach dem Wunsche der Königin, also zu reden an:**
> **Die Erzählung der Neiphile erinnert mich an die gefährliche Lage, in der**

sich einst ein Jude befand; und, da von Gott und von der Wahrheit unsers Glaubens bereits in angemessener Weise gesprochen ist, es mithin nicht unziemlich erscheinen kann, wenn wir uns nun zu den Schicksalen und Handlungen der Menschen herablassen, so will ich euch jene Geschichte erzählen, die vielleicht eure Vorsicht vermehren wird, wenn ihr auf vorgelegte Fragen zu antworten habt. Ihr müßt nämlich wissen, liebreiche Freundinnen, daß, wie die Thorheit gar manchen aus seiner glücklichen Lage reißt und ihn in tiefes Elend stürzt, so den Weisen seine Klugheit aus großer Gefahr errettet und ihm vollkommene Ruhe und Sicherheit gewährt. Daß in der That der Unverstand oft vom Glücke zum Elend führt, das zeigen viele Beispiele, die wir gegenwärtig nicht zu erzählen gesonnen sind, weil deren täglich unter unsern Augen sich zutragen. Wie aber die Klugheit helfen kann, will ich versprochenermaßen in folgender kurzen Geschichte euch zeigen.

Saladin, dessen Tapferkeit so groß war, daß sie ihn nicht nur von einem geringen Manne zum Sultan von Babylon erhob, sondern ihm auch vielfache Siege über sarazenische und christliche Fürsten gewährte, hatte in zahlreichen Kriegen und in großartigem Aufwand seinen ganzen Schatz geleert, und wußte nun, wo neue und unerwartete Bedürfnisse wieder eine große Geldsumme erheischten, nicht, wo er sie so schnell, als er ihrer bedurfte, auftreiben sollte. Da erinnerte er sich eines reichen Juden, Namens Melchisedech, der in Alexandrien auf Wucher lieh und nach Saladin's Dafürhalten wol im Stande gewesen wäre, ihm zu dienen, aber so geizig war, daß er von freien Stücken es nie gethan haben würde. Gewalt wollte Saladin nicht brauchen; aber das Bedürfniß war dringend, und es stand bei ihm fest, auf eine oder die andere Art sollte der Jude ihm helfen. So sann er denn nur auf einen Vorwand, unter einigem Schein von Recht ihn zwingen zu können. Endlich ließ er ihn rufen, empfing ihn auf das freundlichste, hieß ihn neben sich sitzen und sprach alsdann: ›Mein Freund, ich habe schon von vielen gehört, du seiest weise und habest besonders in göttlichen Dingen tiefe Einsicht; nun erführe ich gern von dir, welches unter den drei Gesetzen du für das wahre hältst, das jüdische, das sarazenische oder das christliche.‹ Der Jude war in der That ein weiser Mann und erkannte wohl, daß Saladin ihm solcherlei Fragen nur vorlegte, um ihn in seinen Worten zu fangen, auch sah er, daß, welches von diesen Gesetzen er vor den andern loben möchte, Saladin immer seinen Zweck erreichte. So bot er denn schnell seinen ganzen Scharfsinn auf, um eine unverfängliche Antwort, wie sie ihm noth that, zu finden, und sagte dann, als ihm plötzlich eingefallen war, wie er sprechen sollte:

›Mein Gebieter, die Frage, die Ihr mir vorlegt, ist schön und tiefsinnig; soll ich aber meine Meinung darauf sagen, so muß ich Euch eine kleine Geschichte erzählen, die ihr sogleich vernehmen sollt. Ich erinnere mich, oftmals gehört zu haben, daß vor Zeiten ein reicher und vornehmer Mann lebte, der vor allen anderen auserlesenen Juwelen, die er in seinem Schatze verwahrte, einen wunderschönen und kostbaren Ring werth hielt. Um diesen seinem Werthe und seiner Schönheit nach zu ehren und ihn auf immer

in dem Besitz seiner Nachkommen zu erhalten, ordnete er an, daß derjenige unter seinen Söhnen, der den Ring, als vom Vater ihm übergeben, würde vorzeigen können, für seinen Erben gelten und von allen den andern als der vornehmste geehrt werden solle. Der erste Empfänger des Ringes traf unter seinen Kindern ähnliche Verfügung und verfuhr dabei wie sein Vorfahre. Kurz, der Ring ging von Hand zu Hand auf viele Nachkommen über. Endlich aber kam er in den Besitz eines Mannes, der drei Söhne hatte, die sämmtlich schön, tugendhaft und ihrem Vater unbedingt gehorsam, daher auch gleich zärtlich von ihm geliebt waren. Die Jünglinge kannten das Herkommen in Betreff des Ringes, und da ein jeder der Geehrteste unter den Seinigen zu werden wünschte, baten alle drei einzeln den Vater, der schon alt war, auf das inständigste um das Geschenk des Ringes. Der gute Mann liebte sie alle gleichmäßig und wußte selber keine Wahl unter ihnen zu treffen; so versprach er denn den Ring einem jeden und dachte auf ein Mittel, alle zu befriedigen. Zu dem Ende ließ er heimlich von einem geschickten Meister zwei andere Ringe verfertigen, die dem ersten so ähnlich waren, daß er selbst, der doch den Auftrag gegeben, den rechten kaum zu erkennen wußte. Als er auf dem Todbette lag, gab er heimlich jedem der Söhne einen von den Ringen. Nach des Vaters Tode nahm ein jeder Erbschaft und Vorrang für sich in Anspruch, und da einer dem andern das Recht dazu bestritt, zeigte der eine wie die andern, um die Forderung zu begründen, den Ring, den er erhalten hatte, vor. Da sich nun ergab, daß die Ringe einander so ähnlich waren, daß niemand, welcher der echte sei, erkennen konnte, blieb die Frage, welcher von ihnen des Vaters wahrer Erbe sei, unentschieden und bleibt es noch heute.
So sage ich euch denn, mein Gebieter, auch von den drei Gesetzen, die Gott der Vater den drei Völkern gegeben, und über die Ihr mich befraget. Jedes der Völker glaubt seine Erbschaft, sein wahres Gesetz und seine Gebote zu haben, damit es sie befolge. Wer es aber wirklich hat, darüber ist, wie über die Ringe, die Frage noch unentschieden.‹
Als Saladin erkannte, wie geschickt der Jude den Schlingen entgangen sei, die er ihm in den Weg gelegt hatte, entschloß er sich, ihm geradezu sein Bedürfnis zu gestehen. Dabei verschwieg er ihm nicht, was er zu thun gedacht habe, wenn jener ihm nicht mit so viel Geistesgegenwart geantwortet hätte. Der Jude diente Saladin mit allem, was dieser von ihm verlangte, und Saladin erstattete jenem nicht nur das Darlehn vollkommen, sondern überhäufte ihn noch mit Geschenken, gab ihm Ehre und Ansehen unter denen, die ihm am nächsten standen, und behandelte ihn immerdar als seinen Freund.

Der Dialogverlauf in III 7

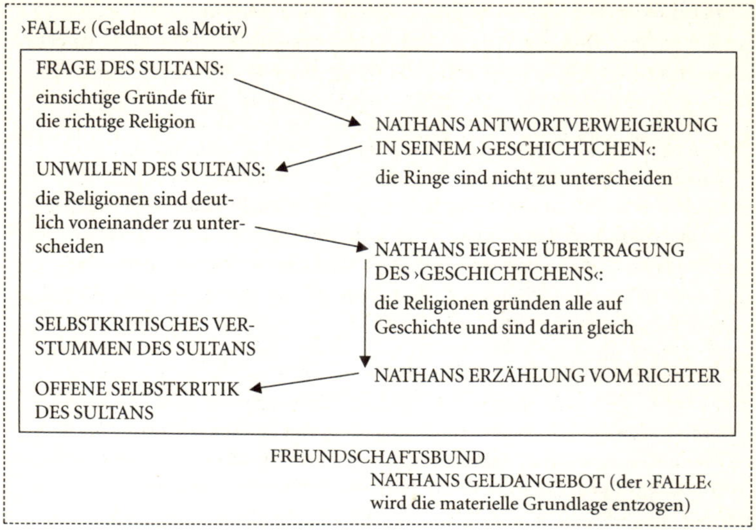

Die Ringparabel, durch die Nathan seine Antwortverweigerung begründet und zugleich so formuliert, dass der Sultan zur Selbstkritik geleitet wird, entwirft ein geschichtsphilosophisches Denkmodell. Anders als bei Boccaccio wird die Erzählung im *Nathan* über den Punkt, dass ein Vater den richtigen Ring doppelt nachahmen ließ, um jedem seiner drei gleichermaßen geliebten Söhne einen Ring hinterlassen zu können, hinausgeführt; es wird nicht nur der nahe liegende Einwand, dass sich in drei gleich aussehenden Ringen wohl kaum drei verschiedengestaltige Religionen spiegeln können, aufgenommen und durch eine tiefere Interpretation zurückgewiesen, sondern die ganze Parabel wird weitergeführt, wobei nun die Veränderung der Boccaccio-Vorlage, die Ringe betreffend (bei Boccaccio war der Ring einfach **vorzüglich schön und kostbar,** während Nathan von einem Ring mit **geheimer Kraft** spricht, wobei diese Kraft nur durch des Trägers **Zuversicht** zur Wirkung komme), ihren Sinn erweist.

Ich folge der Deutung, die Willi Oelmüller[50] dem **Denkmodell in der ›Ringparabel‹** gegeben hat. Für Nathan ist die Wahrheit einer geschichtlichen Offenbarungsreligion nicht Wahrheit im Sinne eines objektivierbaren Systems von Sätzen, über das die theoretische Vernunft entscheiden könnte. Den Streit der Religionen vor dem Richterstuhl der theoretischen Vernunft entscheiden zu wollen wäre Hybris, denn über diese Frage kann erst am Ende der Geschichte entschieden werden. Das ist der erste Grund, weshalb Nathan in einer indirekten Mitteilung die Frage des Sultans zurückweist. Zum Zweiten fasst Nathan die Denkmöglichkeit ins Auge, dass alle drei Religionen unwahr sind: Wenn keine Religion mehr die Wunderkraft hat, ihre Anhänger durch deren **Zuversicht** [...] **vor Gott und den Menschen angenehm** zu machen, dann wird denkbar, was Saladin in seiner Frage nicht impliziert hatte: dass die Anhänger der geschichtlichen Religionen allesamt **betrogene Betrüger** sind. Vor allem aber – drittens – verweigert Nathan die Antwort, weil er hypothetisch davon ausgeht, dass Gott selbst die Religionen in der aufgezeigten Weise ununterscheidbar gemacht hat; die auf Geschichte verwiesene Vernunft kann sich angesichts dieser Lage keinen Urteilsspruch anmaßen. **Nathans Antwort zeigt eindeutig, daß er sich der Verwiesenheit der Vernunft auf die Geschichte und insofern der Grenze der Vernunft bewußt ist.**[51] Die offene, auf die Zukunft gerichtete Geschichte kann nicht im Urteil der Vernunft zum Stillstand gebracht werden; die Vernunft des Einzelnen steht in dieser Geschichte mittendrin und kann sich nicht zur endgültigen Richterin dieser Geschichte aufschwingen (vgl. unsere Analyse der *Erziehung des Menschengeschlechts!*). Deutlich wird so das Recht und die Grenze der theoretischen Vernunft aufgezeigt: ein abschließender ›Spruch‹ über die Geschichte wäre Hybris, aber eine Handlungsmaxime, die die theoretischen Möglichkeiten einbezieht und die Humanität in der Geschichte möglichst zu sichern versucht, ist notwendig: Nathan lässt seinen Richter einen **Rat** aussprechen. **Zum konkreten Handeln braucht der Mensch keine Geschichtsphilosophie oder Geschichtstheologie, die die Totalität, den Weg und das Ende der Geschichte erkennt und begreift. Der Maßstab für sein Handeln ist dem Menschen bekannt.**[52] Es ist die **unbestochene / Von Vorurteilen freie Liebe.**

Ist es notwendig anzumerken, dass dieser Vernunftbegriff nichts mit jenem Vernunftidol zu tun hat, das sich laut Adorno/Horkheimer zum Richter über Geschichte und Natur aufwirft und das **im Blick des Herren, im Kommando** eine totalitäre **Souveränität übers Dasein** behaupten will?[53] Dieser Art **diktatorischer Aufklärung,** wie sie in der **Dialektik der Aufklärung** denunziert wird, entzieht sich Lessings *Nathan* prinzipiell: Sollte man nun Lessing nicht länger einen Aufklärer nennen? Oder sollte man von der allzu allgemeinen Phrase von der ›Dialektik der Aufklärung‹ Abschied nehmen?

Die in der Ringparabel aufgeworfenen Fragen werden nicht beantwortet. Welche Religion die wahre ist, ob alle drei gleich wahr oder gleich unwahr sind, wird offen gelassen. **Dies alles ist aus den gleichen Gründen wahr, wie es falsch ist:** Das Motto der »Erziehungsschrift« trifft genau den Sachverhalt. Nathan zeigt verschiedene Möglichkeiten der zukünftigen Geschichte auf und fordert durch den ›Rat‹ des Richters dazu auf, in einer Art agonaler Toleranz die Möglichkeit, dass die Geschichte – hier: die Religionsgeschichte – insgesamt ein Possenspiel **betrogener Betrüger** ist, auszuschalten. Denn diese Denkmöglichkeit, dieser Lästerungsgedanke ist im Modell der Ringparabel impliziert: Wenn aus den Religionen nicht die Kraft der Liebe erwächst, wenn **jeder sich selber nur / Am meisten** liebt, wenn also an die Stelle des Eifers der Liebe der Krieg aller gegen alle tritt, dann zeigt es sich, dass keiner der Ringe echt, dass keine der drei Religionen von Gott war. Wenn die Geschichte sich nicht im Prozess agonaler Toleranz und in menschlicher **Hülf** für die Absicht Gottes zu einer Zukunft von **tausend tausend Jahren** öffnet, sondern wenn sie in erneuten Kreuzzügen versinkt, dann erweisen sich die Weissagungen und Hoffnungen der Religion als falsch; erst die Zukunft wird also die Wahrheit von Vergangenheit und Gegenwart erweisen. Dabei mitzuhelfen, dass einer oder alle Ringe ihre wohltätige Kraft erweisen können, sind ›wir alle‹ aufgefordert; ›wir alle‹: die Söhne im ›Geschichtchen‹ die durch den Richter belehrt werden; der Sultan, dem Nathan seine Hybris nachweist; die Leser des Dramas, die des Sultans Frage mitsprechen und Nathans Anwortverweigerung verarbeiten sollen. Der ›Rat‹ des Richters, der die Vernunft seiner Zuhörer auf die Geschichte verweist, bringt seine Zuhörer zugleich praktisch und engagiert in die Geschichte hinein: ›Ihr habt synergistisch zu handeln!‹: **kommt eurem Ring, mit Sanftmut, / Mit herzlicher Verträglichkeit, mit Wohltun, / Mit innigster Ergebenheit in Gott, / Zu Hülf!** und: ›Ihr könnt jetzt kein Urteil über die Geschichte bekommen; deshalb geht und handelt in einer Weise, die geeignet ist die schlimmste Denkmöglichkeit etwas unwahrscheinlicher zu machen!‹ Der Sultan rückt dementsprechend betroffen von seiner Anmaßung, urteilender Richter sein zu wollen, ab und handelt in seinem Freundschaftsbund mit Nathan praktisch; seine Reaktion auf das Märchen ist gleichsam die Vorgestaltung der erwünschten Reaktion jedes Zuhörers auf dies Märchen. Und ist in diesem Sinn nicht das *Nathan*-Drama selbst ein ›Geschichtchen‹, das sich so betroffene und so praktisch reagierende Zuhörer wünscht? Diese Zuhörer werden durch ein Märchen, das einen Waffenstillstand während der Kreuzzüge des Mittelalters zu einem Versöhnungsfest ausgestaltet, an die Spannung ihrer eigenen Geschichte erinnert: Wird sie in Kriegen versinken oder werden die Friedensbilder der Vergangenheit und Gegenwart, die auch das Theater beschwört, Realität gewinnen? Über diese Frage kann jetzt nicht entschieden werden, aber der ›Rat‹, die Maxime des Handelns wird deutlich: An den Heutigen ist es, die beängstigenden Möglichkeiten der Zukunft durch ihr zukunftsbewusstes Tun unwahrscheinlicher zu machen.

Dass Lessing in dieser Weise das Publikum anspricht und einbezieht, wird nun in der Untersuchung der Zeit- und der Dialogstrukturen des *Nathan* zu erweisen sein.

3.7 Zeitstruktur

Die ganze Welt
Drängt sich hier zusammen.

Das *Nathan*-Drama spielt an *einem* Tag in der Zeit des 1192 ausgehandelten Waffenstillstands. 1187 hatte Saladin Jerusalem erobert und die Franken aus einem Großteil der besetzten Gebiete verdrängt. Der 1189 begonnene 3. Kreuzzug endete mit Verhandlungen zwischen Richard II. (Löwenherz) und Saladin, die sich auf einen dreijährigen Waffenstillstand einigten und vorhatten ihr Arrangement durch eine heiratspolitische Maßnahme abzusichern: Saladins Bruder Malek el Adel sollte mit Richards Schwester Johanna, der Witwe des Königs von Sizilien, verheiratet werden. Doch dazu kam es nicht und bald wurde für den 4. Kreuzzug gerüstet. Saladin spricht im Drama davon, den Vertrag erneuern zu wollen (V. 854); die Angaben des Tempelherrn legen es nahe, eine frühe Phase des Waffenstillstands als die Zeit der Handlung anzunehmen, denn er war noch **mit des Stillstands letzter Stunde** militärisch tätig und wurde dann gefangen genommen. Bei alldem bleibt zu beachten, dass Lessing mit den historischen Fakten frei umgeht; z. B. war Philipp II. 1192 schon wieder in Europa und mit Richard Löwenherz zerstritten, sodass es unsinnig wäre, wenn der Patriarch (der natürlich in Wirklichkeit auch nicht zugleich mit Saladin in Jerusalem residierte) gerade an einen so weit entfernten Fürsten eine Botschaft richten würde um ihn zum Bruch des Waffenstillstands zu ermuntern (V. 632).

Gleich im ersten Zusammentreffen von Daja und Nathan werden soeben vergangene Ereignisse angesprochen: die Rettung Rechas aus dem Feuer und die Begnadigung eines Tempelherrn durch Saladin. Im weiteren Verlauf wird die angedeutete Vergangenheit Rechas (Dajas **Eure? Eure Recha?** wirkt schon in der ersten Szene befremdlich und Fragen weckend), ihre christliche Herkunft und die Adoption durch Nathan, aufgedeckt. Die am Ende des Dramas offenbar werdenden familiären Beziehungen verweisen auf verwandtschaftliche Zusammenhänge vor der Zeit des Dramas; in der Familiengeschichte verschlingen sich Europa und Vorderer Orient, so wie auch des Tempelherrn und Dajas Biografien nach Europa verweisen. In die entgegengesetzte geografische und zeitliche Richtung führt uns der Derwisch, der seine Zukunft fernab im Osten, am Ganges, gestalten will.

Zugleich gestaltet Lessing im *Nathan* Momente seiner eigenen Gegenwart. Das aus der Polemik geborene – oder besser: das durch den Fragmentenstreit freigesetzte – Drama führt dem Leser und Zuschauer in der Gestalt des Patriarchen zugleich eine Karikatur des Lessing-Gegners Goeze vor und legt ihm Goeze-Zitate in den Mund. In Saladins Frage (und Falle) nach der richtigen Religion spiegelt sich Lavaters ›offener Brief‹ an Mendelssohn und Nathan selbst wurde natürlich in weitesten Kreisen als Nachgestaltung dieses deutschen Juden und Aufklärers Moses Mendelssohn angesehen. In der Weltflucht des Derwischs spiegeln sich die Fluchtgedanken von LESSING selbst ebenso wie die antizivilisatorischen Ideen eines J. J. Rousseau. Die ganze Konstruktion des Dramas knüpft an die Tradition des rührenden Familienstücks an und ist darin natürlich auch ganz ›modern‹.

Zeitstruktur A

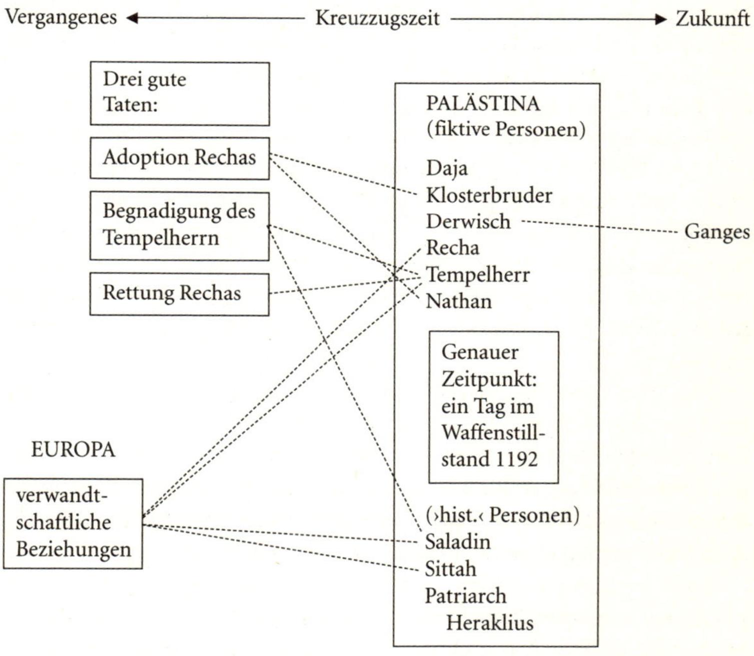

Doch auch damit ist die zeitliche Ausdehnung dieses an einem Tag spielenden Dramas noch nicht erfasst: in der Ringerzählung greift Nathan bis zur **grauen Vorzeit im Osten** zurück und deutet bis in die fernste Zukunft (**tausend tausend Jahre**) voraus. Das Stück bekommt hier die Dimension eines Menschheitsdramas, das auch die Gegenwart eines späteren Publikums noch in Richtung Zukunft zu überholen beansprucht.

Zeitstruktur B

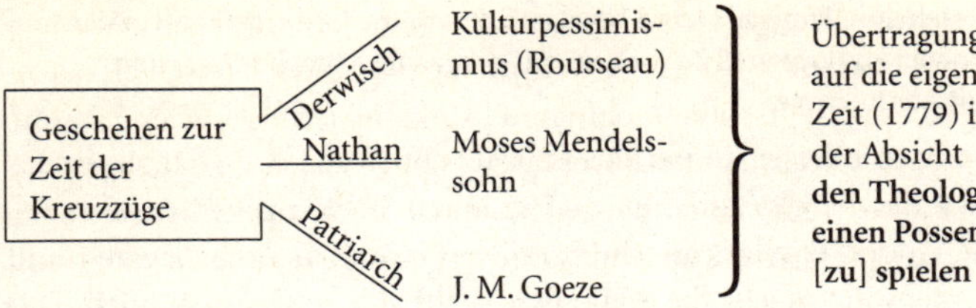

Zeitstruktur C

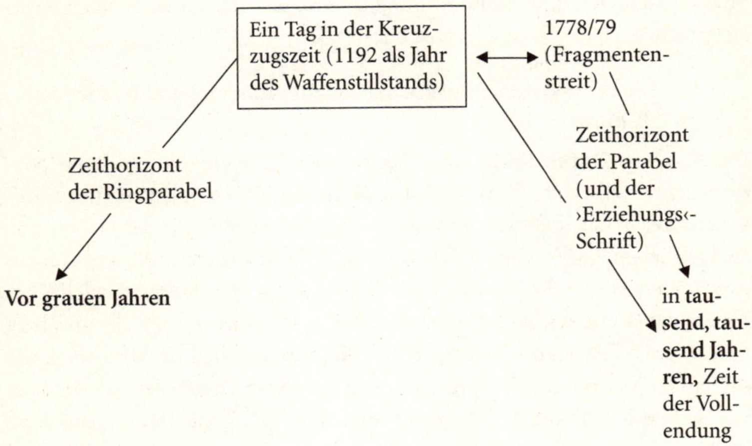

Anm.: Im Schulunterricht können die drei Schemata zur Zeitstruktur auf einer verschiedenfarbigen Matrize integriert und – teilweise unausgefüllt – als Arbeitsaufgabe verwendet werden.

Diese verschiedenen Zeitebenen hat Göbel sehr schön zusammengefasst.[54]

> Das Theaterstück spielt zur Zeit der Kreuzzüge, und zwar im Osten von Europa, in Jerusalem. Zudem wird am Anfang der Ringerzählung auf noch weiter zurückliegende ›graue Jahre‹ im Osten verwiesen. Am Ende der Ringerzählung wiederum wird eine ferne Zukunft angesprochen, die in die Zeit der Entstehung des Stückes, ins 18. Jahrhundert, reicht und auch wohl noch im 20. Jahrhundert Zukunft bedeutet. Das Stück wirkt auch deshalb mit diesen mehrfachen Zeitebenen auf unsere Gegenwart, in der wir (im Zusammenhang mit dem Leid, das die Nathan-Figur von sich erzählt und bei der Verbrennungsdrohung des Patriarchen) nicht nur an die Judenverfolgung vom Mittelalter bis zum 18. Jahrhundert erinnert werden, sondern

auch an die Ermordung der Juden in den Konzentrationslagern, an immer noch bestehende Foltern. Damit hat das dramatische Gedicht »Nathan der Weise« einen konkreten historischen und geographischen Hintergrund vielfältiger Intoleranz.

Dass LESSING mit dieser Konstruktion und Schichtung der Zeitebenen das Einbeziehen des zeitgenössischen und späteren Publikums erreichen will, ist evident. Göbels Hinweis auf die Parallelen zwischen Kreuzzugszeit und unserer Gegenwart macht die Aktualität greifbarer und anschaulich. Das Feuermotiv des *NATHAN* ist uns heute auf erschreckende Weise verständlich. Wenn man trotzdem noch an Rettung denkt und von Frieden träumt, dann beginnt dies Drama, das die Frage nach dem rechten Tun in einer offenen Geschichte voller Bedrohung und Negativität aufwirft, auch heute zu sprechen.

3.8 Die Schlussszene: Familienzusammenführung und bleibende Wehmut

Das *NATHAN*-Drama findet seinen Schlusspunkt in einem familiären Wiedererkennen, ganz im Sinne und im Stil der zeitüblichen rührenden Familienstücke. In der Idylle der Familie spiegelt sich die Utopie des Heilen und Heilgebliebenen, die Utopie bekommt die Richtung einer Regression ins Bescheiden-Häusliche. Diese Familienzusammenführung ist vielfacher Anlass zur Kritik am *NATHAN* gewesen. U. v. Wilamowitz spricht pointiert davon, dass **der ἀναγνωρισμός des Nathan** deutlich **abfällt;** am Ende stehen Recha und der Tempelherr wie **zwei begossene Pudel** da – so fasst W.-H. Friedrich[55] die Kritik zusammen. Die Erfüllung ihrer Liebe wird Recha und dem Tempelherrn vorenthalten, sie sind ›nur‹ Bruder und Schwester. Nun weist allerdings Friedrich darauf hin, dass diese Enttäuschung nur der unaufmerksame Leser bzw. Zuschauer empfinden könne, in Wirklichkeit sei genau diese Lösung vom Autor vorbereitet worden: Rechas Schwärmerei für ihren Retter sei nicht in Liebe zu ihm verwandelt worden; vielmehr trat nach der Begegnung mit ihm an die Stelle von **Sturm in (meinem) Herzen** eine seltsame **Stille,** nicht Leidenschaft ist entfacht, sondern gleichsam geschwisterliche Vertrautheit geweckt (III 3 = S. 64 f.). Zunächst hatte Recha sich ja durch einen Engel gerettet gefühlt um der Erkenntnis auszuweichen, dass ihr Retter sie als Jüdin verschmäht. Nathan hatte die durchaus ins Erotische schwingende Engelsfantasie zerstört um Recha in die Realität und auch zu realem Tun zurückzuführen. Dabei musste Recha nun bewusst reflektieren, dass ihr Retter sie weggestoßen hatte. Und als er in der Wiederbegegnung wieder nicht in der Lage ist ihren Dank anzunehmen, führt sie ihm sein Tun zwar nicht mit Worten des Menschenhasses, aber doch recht sarkastisch vor Augen: **Tempelherren, /**

Die müssen einmal nun so handeln; müssen / Wie etwas besser zugelernte Hunde, / Sowohl aus Feuer, als aus Wasser holen. Und der Tempelherr selbst ist sich über sein Gefühl im Unklaren; alles deutet auf geschwisterliches Zusammengehören, und nur notgedrungen nennt er sein eigenes Gefühl Liebe: **Sie sehn, – und das Gefühl, / An sie verstrickt, in sie verwebt zu sein, / War eins. – Bleibt eins** [...] **Ist das nun Liebe: / So – liebt der Tempelritter freilich.**

Trotz dieser geschickt-verborgenen psychologischen Vorarbeit LESSINGS evoziert die Wiedererkennungsszene beim Betrachter ein Gefühl des Mangels: zwar stehen Recha und ihr Retter nicht wie **begossene Pudel** da, aber dem Betrachter fehlt doch die freudige Begeisterung, die ein verliebtes Paar in so ein Schlusstableau hineingebracht hätte. In überraschender Parallelität zu dem sujetverwandten Jugendstück *DIE JUDEN* kommt ein Moment der Nicht-Erfüllung in die Schlussszene, das den Zuschauer ein wenig unzufrieden zurücklässt. Kann man vermuten, dass dieses Unmut weckende Moment, das LESSING sowohl in den *JUDEN* wie im *NATHAN* zur Geltung kommen lässt, den Zuschauer zur Frage nach dem Warum, zum Nach-Denken bewegen soll?

Exkurs: Der *NATHAN* und die brechtsche Dramentheorie

Sollte diese Hypothese stimmen, dann wäre LESSINGS Drama nicht – der brechtschen Aufteilung gemäß – dem *aristotelischen Theater* zuzurechnen, sondern sein Versuch, die Zuschauer durch *Furcht und Mitleid* (Begriffe nach LESSINGS *HAMBURGER DRAMATURGIE*, 75. Stück) zur Einfühlung zu bewegen, stünde im Dienste eines abschließenden kopfschüttelnden Nachdenkens des Publikums.

Brecht gruppiert pointiert gegeneinander:

> **Der Zuschauer des dramatischen Theaters sagt: Ja, das habe ich auch schon so gefühlt. – So bin ich. – Das ist nur natürlich. – Das wird immer so sein. – Das Leid dieses Menschen erschüttert mich, weil es keinen Ausweg für ihn gibt. – Das ist große Kunst; da ist alles selbstverständlich. – Ich weine mit den Weinenden, ich lache mit den Lachenden. Der Zuschauer des epischen Theaters sagt: Das hätte ich nicht gedacht. – So darf man es nicht machen. – Das ist höchst auffällig, fast nicht zu glauben. – Das muß aufhören. – Das Leid dieses Menschen erschüttert mich, weil es doch einen Ausweg für ihn gibt. – Das ist große Kunst: da ist nichts selbstverständlich. – Ich lache über den Weinenden, ich weine über den Lachenden.**[56]

In diese Einteilung ist m. E. der *NATHAN* nicht einzuordnen: Natürlich empfindet der Zuschauer mit Nathan mit und doch erscheint ihm Nathan und sein Tun **höchst auffällig, fast nicht zu glauben.** Natürlich hat der *NATHAN* eine gewisse spielerische Selbstverständlichkeit, und doch ist die

Sprache ausgesprochen kunstvoll und konstruiert, auch Zeit- und Raumkolorit geben dem Spiel etwas Modellhaft-Unselbstverständliches. Natürlich empfindet der Zuschauer Freude durch das Wiedererkennen, aber es mischt sich Wehmut hinein: Die Verheiratung fehlt und Nathan steht allein abseits. Dass die Kreuzzüge im Hintergrund gleichsam mitgedacht werden müssen – die Patriarchen-Gestalt macht es im Spiel deutlich –, ist etwas, das die Zuschauer mobilisiert: **Das muss aufhören.**

Was Lessing allerdings nicht tut, nicht kann, ist, den Zuschauern ein Rezept an die Hand zu geben, wie und wodurch dies ›Aufhören‹ geschieht; er erteilt einen ›Rat‹, keinen ›Spruch‹, er legt dem Zuschauer – wie Nathan dem Sultan – ein ›Geschichtchen‹, kein ›Lehrstück‹ vor. Ob der Zuschauer in der Weise betroffen reagiert wie der Sultan, muss offen bleiben; ebenso bleibt offen, ob solche Betroffenheit tatsächlich einen ›Ausweg‹ eröffnet; kurz: der ›Rat‹ Lessings ist ebenso wenig wie der Nathans bzw. der des ›Richters‹ durch eine Geschichtstheologie abgesichert.

Auf diesem allgemeineren Hintergrund sind wohl auch die **Umarmungen** der Schlussszene von gewisser Ambivalenz: So sehr sie Ausdruck der Wiedererkennungsfreude sind, scheinen sie doch zugleich so etwas wie Schutzsuche zu signalisieren: **unter stummer Wiederholung allseitiger Umarmungen fällt der Vorhang,** heißt die letzte Regieanweisung. Wir dürfen nun hinzudenken: Diese Friedensfeier des Waffenstillstands ist nur ein vorläufiger Akt innerhalb der Kreuzzüge, der Patriarch bleibt im Hintergrund. Nathan ist von seinen Freunden verlassen – das alles wirft übergenug Schatten auf das erfreuliche Bild des Schlusstableaus; aber diese Bilder, die sich aus der Gesamtinterpretation ergeben, beiseite gelassen: Auf jeden Fall wird der in seinen Wiedererkennungserwartungen enttäuschte Zuschauer eher nachdenklich als beschwingt-begeistert diese **stummen Umarmungen** als letztes Bild aufnehmen.

3.9 Das ›Einander-aufs-Wort-Lauern‹ und die Einbeziehung des Publikums (zur Dialogstruktur)

Nathan der Weise ist in Blankversen geschrieben, wobei dieser Vers ganz den dialogischen Impulsen und Brüchen angepasst ist. Lessing behauptet von diesen Jamben, sie seien viel schlechter, wenn sie besser seien, und tatsächlich sind die Verse eigentümlich zerrissen und zerstückelt und bezeugen die Dynamik der Korrekturimpulse. Häufige Enjambements sind charakteristisch, Satz- und Versrhythmen sind auffällig versetzt; häufig sind die Verse durch Pausen unterbrochen oder auf mehrere Personen verteilt.

Lessing behandelt diesen Vers außerordentlich unorthodox. Er dehnt und verkürzt ihn, setzt Gedankenstriche oder andere Interpunktionszeichen,

um ihn biegsam, lebendig, sozusagen ›reaktionsschnell‹ zu erhalten. Einwände und Einfälle, Denksprünge und prompte Folgerungen sperren sich gegen Glätte und Gleichmaß des metrischen Schemas, so daß sich ein Gegenspiel zwischen Redeimpuls und Formzwang entwickelt.[57]

Solcher sprachlichen Anstrengung bedarf es, um in der offenbar nicht heilbaren Welt immerhin einige allzu starre Fronten durch Verständigung zu korrigieren.

Hugo von Hofmannsthal charakterisiert 1929 in seinem Essay über LESSING das *NATHAN*-Drama als eine Komödie und er fordert, man müsse dies Drama **ganz als das geistreichste Lustspiel, das wir haben,** spielen: **ganz auf die unvergleichliche Gespanntheit dieses Dialogs hin, dies Einander-aufs-Wort-Lauern, Einander-die-Replik-Zuspielen, auf dies Fechten mit dem Verstand (und mit dem als Verstand maskierten Gefühl), wovon das ganze Stück bis in die Figuren der Mamelucken hinab erfüllt ist [...]**

3.9.1 Exemplarische Sprachanalyse zu Szene I 1

In einer exemplarisch-auswählenden Sprachanalyse hat Joachim Müller[58] diese Behauptungen Hofmannsthals nachzuprüfen unternommen. Gegenstand seiner Analyse waren die ersten Szenen.

Schon von der Eingangssituation kann man sagen: Jedes Wort wird beim Wort genommen, die Sprache wird soweit wie möglich rational durchleuchtet. Dajas freudiger Willkommensgruß: ›[...] Gott sei ewig Dank, / Daß Ihr doch endlich einmal wiederkommt‹ wird sogleich von Nathan auf die wörtliche Waage gelegt und in ein erstauntes Fragen gekehrt: ›Ja, Daja; Gott sei Dank! – Doch warum endlich? Hab ich denn eher wiederkommen wollen? Und wiederkommen können?‹. Wenn, in Dajas Rede, das Selbstverständliche mit einem befreienden Akzent versehen wird, verfremdet es sich unverzüglich, und die erleichterte Feststellung, ›daß Ihr wiederkommt‹, evoziert, da sie offenbar mit dem ›endlich einmal‹ übertreibt, im Bewillkommneten die erstaunte Gegenfrage mit dem Sinn: Ging es denn eher? Mußtest du nicht wissen, daß ich gar nicht eher kommen konnte? Daß aus dem durchaus frist- und erwartungsgemäßen Wiederkommen ein Begrüßungsspektakel gemacht wird, das dem nüchternen Kaufmann ohnedies peinlich sein muß, befremdet ihn. So steht nun das zweimalige Wiederkommen in einer dem Sprecher selbst unvermuteten Emphase in der Szene, aber dieses verfremdend-befindliche Emphatische, das sich aus der überraschenden Willkommensapostrophe ergibt, will Nathan sogleich mit dem Hinweis auf den Grund seiner Geschäftsreise auf das Maß des leicht Erklärbaren reduzieren: Er hatte auf weiten Wegen Schulden einzukassieren – das war doch der vertrauenswürdigen Daja bekannt. Es schwingt in die besonnene Erklärung ein Ton von Unwillen und Vorwurf hinein, aus der dem Begrüßten überflüssig erscheinenden Unterstreichung des Wiederkommens resultierend. Nathan kann ja noch nicht wissen, was geschehen ist.
Daja überhört deshalb die ihr natürlich bekannte Erklärung des Ausblei-

bens, weil sie danach drängt, dem Ankommenden eine Sensationsnachricht zu eröffnen – sie apostrophiert ihn noch einmal, nun pathetisch mit Interjektion: ›O Nathan‹, und malt, was objektiv komödisch wirkt, eine Möglichkeit aus: ›[...] wie elend, elend hättet Ihr indes / Hier werden können [...]‹ (V. 11/13) – das entscheidende Wort wird gleich redupliziert, worin ebensoviel echte Besorgnis und überstandene Sorge wie weibliche Wichtigtuerei ist. Doch als sie ansetzt, das katastrophale Ereignis zu berichten, unterbricht sie Nathan: Daß das Haus brannte, hat er schon vernommen, aber die Aufgeregtheit Dajas ist schon auf ihn übergesprungen: Indem er ausspricht, daß er den Hausbrand vernommen, überfällt ihn augenblicks die Ahnung, daß er nicht alles schon vernommen hat – wie zu Beginn ›Wiederkommen‹, wird hier ›vernommen‹ zum szenischen Movens. Doch Daja nimmt aus dem ›Gebe Gott ...‹ nicht die Frage auf, um klar zu antworten, daß er tatsächlich noch nicht alles, noch nicht das Schlimmste vernommen, sondern zögert, teils aus wirklicher Rücksicht – ich muß es ihm schonend beibringen –, teils aus halb unbewußter Berechnung, mit der noch ausgesparten Sensation (deren Schrecknis ja hinter ihr liegt) zu glänzen: Von mir erfährt er's zuerst. So fügt sie zu dem Potential: wie elend wärt Ihr – die weitere Eventualität: Das Haus ›wäre leicht von Grund aus abgebrannt‹ (V. 16). Nathan nimmt dies ihn zunächst von seiner Besorgnis ablenkende ›wäre‹ auf und beantwortet es mit dem die mögliche Katastrophe potentiell überholenden ›Dann, Daja, hätten wir ein neues uns / Gebaut, und ein bequemeres‹ (V. 17 f.) Das darauf folgende ›Schon wahr‹ Dajas ist syntaktisch ein Auftakt, szenisch eine Geste, die den dreimaligen Potential (hättet, wäre, hätten) schnell wegwischt, um an seine Stelle einen neuen, nun freilich den Vater aufrüttelnden Potential zu setzen: ›Doch Recha wär' bei einem Haare mit / Verbrannt‹ (V. 19 f.) – eine syntaktische Feinheit ist noch zu konstatieren: in den vorangehenden Versen ist der Potential immer gleich als Modus perzipierbar, doch jetzt schleudert Daja, die sichtlich auf diesen Moment spannt, zuerst den Namen der Tochter heraus, ehe sie den Potential beschwichtigend anfügt. Nathan nimmt auch sofort aus dieser Botschaft das Erschreckende: verbrannt und Recha – ›bei einem Haare‹ ist jedenfalls dicht am Vollzug. Den Potential überhört er im jähen Erschrecken: Recha verbrannt, das hat er noch nicht gehört.

Die folgenden Verse sind von geradezu verwirrender Sprachbewegung – der Jambenfluß wird durch das dreimalige Enjambement sowie durch erregte Ausrufe und überhastete Appellationen unterbrochen, ja zerrissen.

Zunächst versucht sich Nathan zu fassen: Recha verbrannt, eine schreckliche Vorstellung, aber – dies ist die erste psychische Reaktion – so Schreckliches kann ja gar nicht sein, deshalb wird nachträglich – es geschieht aber alles in Sekundenschnelle, der die sprachlichen Sekundenschritte adäquat sind – der Potential aufgenommen und bis zur Grenze des Absurden weitergeführt: Wenn Recha verbrannt wäre, da hätte es keines Hauses mehr bedurft. Was kurz zuvor noch als gelassene Abwehr gemeint war: Was liegt an einem abgebrannten Haus, man kann ein neues und bequemeres bauen, das eben wird nun als sinnlos abgetan: Was soll überhaupt ein Haus noch, wenn die Tochter verbrannt ist. Aber nun erst, in der Möglichkeit der blitzschnell wechselnden weiteren psychischen Reaktion – vom Dichter glänzend beobachtet –, greift Nathan das eben Gehörte noch einmal in seiner ganzen Schwere auf: Verbrannt ›bei einem Haare‹ – ist das nicht nur schonende Verbrämung des Tatsächlichen, das ›Ha! sie ist es wohl!‹ schafft für eine schreckliche Sekunde die Vorstellung, daß das Mögliche geschehen, es wird im nächsten Satz ausgesprochen: ›Ist wirklich wohl verbrannt!‹ (V. 23 f.). Nachdem damit Nathan das Befürchtete ins Wort gefaßt, beim Namen genannt, was nach altem magischen Glauben es berufen, ins Wirkliche bannen heißt, glaubt er nur noch auf Bestätigung des Furchtbaren drängen zu müssen. Es kommt aus ihm, stockend und überstürzt in einem, in der appellativen Doppelfügung: ›Sag nur heraus! heraus nur!‹. Lieber durch die ganze Wahrheit getötet werden als durch Hinauszögern gemartert. So zwingt er sich zu einem nicht mehr durch das noch vermutende zweimalige ›wohl‹ eingeschränkten ›Ja, sie ist verbrannt!‹ (V. 24/26). Das von Daja nach dem hart abbrechenden ›mit‹ zu Beginn von Vers 20 gesetzte ›verbrannt‹ im gleichen von Nathan weitergeführten Vers als Frage aufgenommen, wird im übernächsten Vers ans Ende, ins Enjambement gerückt, erscheint, wiederum im zweitfolgenden Verse, in der Mitte und im nochmals übernächsten einen Takt weiter: Die Textur dieser sechs Verse ist von diesem fünfmaligen ›Verbrannt‹ bestimmt – man darf auch sagen: Das Wort ›verbrannt‹ ist die Grundsubstanz, aus der heraus Sprechen in Erschrecken transponiert wird.

3.9.2 ›Verbrennen‹ und Geld als Leitmotive

Der philologischen Akribie verdanken wir schon nach dieser Analyse der ersten Verse des Dramas den Beleg für eine **Gespanntheit** des Dialogs, für ein **Einander-aufs-Wort-Lauern,** wie es Hofmannsthal behauptet hatte. Zugleich wird deutlich, welchen Stellenwert das Motiv des Brennens und Verbrennens im Nathan-Drama von Anfang hat: das vielfache **Verbrannt** dieses Eingangsdialogs stellt dem ersten Zusammentreffen von Vater und Tochter eine grässliche Denkmöglichkeit voraus und diese Möglichkeit des Grässlich-Bedrohlichen bleibt das gesamte Drama über präsent: Das Motiv konzentriert sich in besonderer Weise in Nathans biografischer Leidensgeschichte, es kommt zu **greller Drastik**[59] in dem gehässigen, alle Einwände brutal wegwischenden dreimaligen Urteilsspruch des Patriarchen: **Tut nichts! Der Jude wird verbrannt!** und es hallt mehrfach in den Aussagen und Überlegungen des Tempelherrn nach (IV 4; V 3).

Wie eine Todesfuge klingt das Thema schon in den ersten Worten des Dramas auf:

Verbrannt? Wer? meine Recha? sie? – Verbrannt
Bei einem Haare! Ha! sie ist es wohl!
Ist wirklich wohl verbrannt!

Und das Entsetzen zittert noch lange nach, wenn alle Gefahr überwunden ist:

> **Schaudert nicht!**
> **Es ist ein garst'ger Tod, verbrennen. Oh!**

Aufgerufen ist in diesen ersten Versen auch schon das Geld-Motiv, das dann das Ganze durchzieht: Nathan war **Schulden einkassieren.** Im Weiteren treibt Geldmangel den Sultan zur Schurkerei; im Umgang mit Geld sieht sich der Derwisch zum **Geck** werden; Nathan spricht inflationistische Münzmanipulationen – wie sie z. B. in Preußen üblich waren um die Kriegskassen zu füllen – an; Nathan reflektiert darauf, dass der Sultan Wahrheit wie Münze einstreichen will, und kommt so darauf, dass es in Wahrheit bei dieser ›Wahrheit‹ um Geld geht. Geld ist der Kern der Sache; auch wenn das der Sultan nicht wahrhaben will, immerhin hat er Sittah zur Seite, die ihn dazu ermahnt. Um Geld und Geldraub geht es auch dem Patriarchen. Dass Daja sich durch Geld und Geschenke zwar zum Schweigen, aber doch nicht zur Anpassung zwingen lässt, ist ein beinahe schon sympathischer Zug an ihr. Dass aber Nathan aufgrund seiner Lebensgeschichte nicht mehr am Geld ›klebt‹, dass es ihm tatsächlich, obwohl er es klug vermehrt, der **Kleinigkeiten kleinste** geworden ist, lässt sich nicht verallgemeinern: *Diese* Wahrheit ist keine austauschbare Münze. Was freilich auffällt, ist, wie häufig Nathan andere ›auszahlen‹ will. Erwiesene Wohltaten will er sofort ausgleichen, am liebsten in Geld oder in Geschenken. **Kein Zweifel, daß Nathan das Glück zu zählen versucht ist und zudem in Geldeswert übersetzt!**[60] Es bleibt offen, ob Nathans Freigebigkeit und Sanftmut verknüpft ist mit der Unterdrückung aggressiver und auf Rache drängender Impulse oder ob er in seiner Leidensgeschichte so selbstlos und bescheiden geworden ist. Am Ende des Stücks wird Saladin mit Geld überschwemmt; er spielt zwar wieder den **Höchsten** und den **Milden** ohne **des Höchsten immer volle Hand zu haben,** aber vorerst ist er einer Geldnot entronnen, die ihn nötigen könnte, seinen ›Freund‹ Nathan erneut zu erpressen oder, wie der Derwisch sagt, zu **plündern, martern, würgen.** Die Mamelucken, die dem Sultan die lang ersehnte Tributsendung aus Ägypten ankündigen, feilschen auf belustigende und geistreiche Weise ums Geld (V 1), sodass tatsächlich auch sie in das dialogische **Fechten mit dem Verstand (und mit dem als Verstand maskierten Gefühl)** einbezogen sind, wie ebenfalls Hofmannsthal behauptet hatte. Wenn wir es salopp sagen dürfen: Auch diese Knechte des Sultans sind auf der Höhe der lessingschen Intelligenz.

3.9.3 *Die Sprache des Kalküls und die Natürlichkeit der Personen*

LESSING gleicht die Personen sprachlich einander an, sie sprechen – wenn man ihre soziale Rolle als ›Maß‹ nimmt – häufig unangemessen. Fast immer artikulieren sich die Sprechenden reaktionsschnell und gewandt, beziehen sich auf Ausdrücke und Stichwörter der Vorredner, drehen sie um und verwenden sie in neuem Kontext. Nur mit äußerster Anspannung auch sprachlicher Art kann die Katastrophe (die persönliche für Nathan; aber auch das Wiederaufflammen des Kriegs als gesellschaftliche Katastrophe) verhindert bzw. hinausgeschoben werden; nur die äußerst gespannte Artikulation kann die auseinander strebenden Tendenzen des Dramas (z. B. Al Hafis Ausbruch in völlige Autonomie und Nathans zögerndes Sich-noch-Einordnen; Rechas Emanzipation und Curds Besitzanspruch; Dajas Intrige und Nathans Weitherzigkeit) zusammenhalten.

Diese Sprache trägt **durchaus Momente eines Kalküls, wie es das Schachspiel andeutet, das die Handlung des dramatischen Gedichts begleitet.**[61] Diesem Kalkül, diesem sprachlichen Gesamtgestus, der durch zügigen Rhythmus und dialogische Spannung gekennzeichnet ist, opfert LESSING teilweise die Natürlichkeit seiner Figuren – aber nur teilweise:

> **Obwohl eine allgemeine Tendenz zur Verdichtung der Rede in lapidaren Sätzen besteht, sind die einzelnen Töne doch gut zu unterscheiden: Nathans zartfühlende und bedächtig prüfende Wachsamkeit (er ist alles andere als ein eilfertiger Rhetoriker); Rechas unverstellte, lebhafte Direktheit; des Tempelherrn grübelndes und gereiztes Rumoren; Saladins sozusagen losspringende Zuwendung, die seinen Gesprächspartnern gilt; des Klosterbruders Sprechen in seiner bekümmerten und in der verfremdeten schrillen Tonlage des Patriarchen [...]**[62]

LESSING befreit seine Figuren aus der festgefügten Ordnung der Religionen und Stände um Freundschaftsbeziehungen über die festgesetzten Grenzen hinaus denkbar zu machen.

> **Der Autor durchbricht die zeitgenössischen Schablonen der Ständeregel und der bühnenpraktischen Rollenfächer. Doch ist bei keiner der Figuren des Dramas die gesellschaftliche Situation vergessen, in der sie lebt, aus der sie argumentiert. Auf dem Weg zum Gedicht, bleibt der *NATHAN* noch ein Drama, das identifizierbare Personen aufeinander zuführt.**[63]

Das dialogische Verfahren des sich hineinbohrenden Fragens, das schon Nathans erstes Gespräch mit Daja kennzeichnet, eröffnet dem Leser einen Zugang zu dem Dialog, ja, es zieht ihn förmlich hinein; das sich annähernde, problemumkreisende Fragen erheischt ja Antwort durch den Leser oder Hörer, zumindest macht es auf die Antwort gespannt. Ganz deutlich wird dies bei Anspielungen, die häufig in den Feinheiten der Intonation verborgen sind und nach Aufklärung verlangen, wie es z. B. in Szene 1 kurze Zeit später erfolgt:

> Die das erlösende Aufatmen Nathans ausdrückende doppelte, somit emphatische Namensanrufung – ›O Recha! O meine Recha!‹ – führt nicht zu der eigentlich aus dem ›bei einem Haare‹ zu erwartenden näheren Erklärung Dajas über die Gefährdung Rechas, sondern das Pronomen *mein* evoziert Dajas für den Zuschauer befremdliche, den bisherigen Dialog verfremdende neue Frage, die sogleich als Einwand anmutet: ›Eure? Eure Recha?‹. Es ist deutlich, daß hier ein neues Thema beginnt, und dieses erstaunte, das Verlangen Nathans, Recha zu sehen, ignorierende und hinausschiebende ›Eure‹ bringt für den Zuschauer ein neues Spannungsmoment. Wenn Daja in dem Augenblick, da Nathan seinen zur Verzweiflung gesteigerten Schrecken überwunden hat und dringen muß, Weiteres über den Vorfall zu erfahren, ihm die Gerettete offenbar als seine Tochter abstreitet, kann sich darin für den Zuschauer nur ein Geheimnis verbergen, das im Fortgang des Stückes dramatische Enthüllung verlangt. Denn Nathan besteht nur bedingt auf seiner Vaterschaft, das hört man aus dem konditionalen Neuansatz seiner Rede heraus, der zudem syntaktisch in der Schwebe bleibt: ›Wenn ich mich wieder je entwöhnen müßte, / Dies Kind mein Kind zu nennen‹ (V. 30 f.) – als Ausruf wäre dies vollständig, Lessing hat aber kein entsprechendes Zeichen gesetzt, man könnte die beiden Verse auch als Aposiopese auffassen, so daß etwa zu ergänzen wäre, was unausgesprochen bleibt: dann würde mir der größte Schmerz zugefügt, ginge es um mein Leben. Deutlich wird in jedem Fall eine abwehrende Gebärde des Inhalts: Ich werde mich nicht mehr entwöhnen können, ›Dies Kind mein Kind zu nennen‹. Daja scheint absichtlich den emotionalen Ton in Nathans Worten zu überhören – die rationale Durchleuchtung in der Sprachanalyse darf natürlich nicht situationsbedingte Zwischentöne in Lessings Diktion übersehen lassen, sie sind allerdings meist mehr durch dialogische Akzentuierung als durch poetisches Fluidum bewirkt, so auch hier. Offensichtlich streitet Daja mit Nathan, ihre Frage und seine Antwort weben ein recht dichtes Gedankennetz. Dajas Frage, ob bloßer Besitz schon rechtsgültig das Seine ist, fängt Nathan auf, indem er zwischen einem durch Natur und Glück zugefallenen und einem moralisch erworbenen Besitz unterscheidet. sein ›Eigentum‹ an Recha verdanke er seiner ›Tugend‹ – was es damit auf sich hat, erfährt der Zuschauer erst im vierten Akt.[64]

Dass der Leser bzw. das Publikum in den so kunstvoll aufgebauten Dialog hineinfragen und sich hineindenken soll, wird auch in der zentralen Szene III 7 (Nathan und Saladin) deutlich, in der Saladin selbst als Zuhörer, als Publikum fungiert: Immer wieder fordert ihn Nathan zum Mitdenken, zum Mitsprechen auf, bis der Sultan nach kurzem Selbstgespräch emphatisch ins Gesagte eingreift und einstimmt. Es scheint die Hoffnung des Autors zu sein, dass dies Hineindenken und dies Zustimmen ein wenig missionarisch-ansteckend wirken möge: Der Sultan jedenfalls stürmt los und will nun seinerseits seiner Schwester das Gehörte vermitteln: **Ah! daß ich**

meine Schwester / Nicht horchen lassen! – Zu ihr, zu ihr! – Denn / Wie soll ich alles das ihr nun erzählen?

J. Ph. Reemtsma kommt am Ende seiner *Lessingpreis-Rede* (1997, s. Mat. 9, S. 131 f.) auf Nathans Redestrategien und die zugrunde liegenden Motive zu sprechen: auf die beunruhigte Sorge um die Welt.

> Sie zeigt sich in der Unermüdlichkeit, in der der zwar Reiche, aber doch reichlich Machtarme im Reden Einfluß zu gewinnen sucht mit dem einzigen Ziel, die Potentiale an Destruktivität um ihn herum zu neutralisieren. Das beginnt mit der Exposition, in der das phrasenhafte Geplapper der christlichen Hausangestellten und Blockwartsnatur Daja durch sein Reden aufgenommen und neutralisiert wird. Gestehen wir es ruhig: Nathan schwatzt. Hier, wo er nicht überredet, durch Reden für sich gewinnt, im Reden die kommunikativen Regeln verändert, die Zumutungen der anderen unmerklich virtuos zurückgibt, durch Affirmationen lenkt, schiebt, an der Nase führt, dort, wo er dem leeren Geschwätz begegnet, schwatzt auch er und, wissend, was kommt – Bericht vom Brand, rückstürzende Erinnerung und dann folgende Erpressung –, wissen wir, warum: um das, was kommt, vielleicht nicht kommen muß, doch kommen kann, aufzuhalten, wenigstens eine halbe Minute noch.
>
> Man hat der Aufklärung oft eine gewisse Geschwätzigkeit nachgesagt, ihr Settembrinihaftes ihr vorgehalten. Man kann es auch Lessing abhören. Im *Nathan* läßt er ihn redend und nur redend gewinnen – doch am Schluß schweigen. Dieses Schweigen, dieser Moment, an dem Nathans Rede nicht mehr gebraucht wird, und mit ihr er nicht mehr, dieser Schluß, dramentechnisch scheinbar ein Happy-End, mag ein Ort sein, an dem die Aufklärung sehen läßt, wie sehr sie zuweilen ihres so trostlosen wie angsterfüllten Selbstauftrages müde ist, den Weltlauf durch Filibustern aufzuhalten.

3.10 Auswertende Bemerkungen

Unsere bisherige Interpretation hat herauszuarbeiten versucht, dass der *Nathan* ein zum Leser, zum Publikum hin sich öffnendes Stück ist, das ein Hinterfragen erfordert. So wie der Sultan von Nathan in den Gedankengang der Ringerzählung hineingezogen wird und dadurch zu einem anderen, menschenfreundlicheren Handeln angeregt wird, so beansprucht das Drama selbst sein Publikum: Es werden ihm Fragen vorgelegt, die es aufnehmen und weiterdenken und vor allem in praktisches Handeln, das die negativen Denkmöglichkeiten etwas unwahrscheinlicher macht, umsetzen soll.

Die komödienhaften Züge dieses dramatischen Gedichts entfalten sich auf dem Hintergrund eines düsteren, ganz und gar unkomödischen Zeitgeschehens, das immer präsent bleibt. Der pädagogische Optimismus des Ganzen ist, wenn nicht unterhöhlt, so doch beständig begleitet von pessimistischen Unterströmungen: Das Drama steht, wenn man so sagen darf, dauernd in der realen Gefahr, in eine ausweglose Tragödie umzuschlagen; die Realkräfte des Krieges (Figur des Patriarchen, Kraft der Vorurteile, Ohnmacht aller pädagogischen Bemühungen Nathans gegenüber Tempelherrn und Daja, das Geld in seiner Auswirkung auf die Handlungen des Sultans) sind dauernd präsent, ja die Schauplätze der Versöhnung sind durch Flammen vielfach umzingelt (Nathans Erzählung vom Pogrom in Gath, die Erwähnung des **nahen Kriegs,** der Brand im Hause Nathans). Nathan selbst erscheint als ideale, ein wenig unwirkliche Figur, in der Weisheit, Klugheit, Beredsamkeit, Reichtum und Bescheidenheit vereinigt sind; freilich, so *muss* diese Figur sein (genauer: so muss sie aufgrund ihrer biografischen Geschichte geworden sein), wenn das Drama zu seinem versöhnende Hoffnung ausstrahlenden Ende kommen soll, denn – und so offenbart der Autor selbst seinen Kunstgriff im Dienst des Komödischen – Nathans gleich gesinnte, aber minderbemittelte Freunde (Al Hafi und der Klosterbruder) können nur in der Flucht aus ihren real-institutionellen Bindungen ihre Menschlichkeit bewahren. Und mehr noch, schlimmer noch: Al Hafis Aussagen, die die konkrete Menschenfreundlichkeit eines Sultans angesichts der bleibenden tieferen Struktur seiner Herrschaft zur ›Geckerei‹ erklärten, machen hinter Nathans Bemühung, den Sultan zu ›erziehen‹, ein übergroßes Fragezeichen (das wiederum LESSING durch seine Planankündigung, seinen *NATHAN* durch ein ›Derwisch‹-Drama zu ergänzen, deutlich markiert hat). Diese ›pessimistische Unterströmung‹ wird auch nicht vor der letzten Szene ›abgeleitet‹, sondern die Unerfülltheit der Liebesbeziehungen zwischen Recha und dem Tempelherrn nimmt diese Trauergedanken in die Harmonie des Wiedererkennens mit auf, so wie sich die Angst vor der Kreuzzugsgeschichte in der stummen Melancholie der allseitigen Schlussumarmungen und im Alleinstehen Nathans zu spiegeln scheint.

So ist *NATHAN* nicht nur in seinem ganzen Aufbau und in seiner Publikumsbezogenheit ein Drama, das auf das von Brecht gewünschte Theater des Denkens und der Bewusstheit gerichtet ist, sondern dieses Werk bestätigt Brechts ›Satz‹, **daß die Tragödie Leiden der Menschen häufiger auf die leichte Achsel nimmt als die Komödie** (aus: Anmerkungen zum *ARTURO UI*).

Die Realität des Krieges und der Pogrome wird nicht weggedrängt, und doch wird dieser Realität ein ›Märchen‹, ein ›Geschichtchen‹ im Theater entgegengesetzt. An die Stelle des **nahen Kriegs** tritt im Drama die Konstituierung der Menschheitsfamilie als Gesinnungs- und Tatgemeinschaft, freilich unter Absehung von Figuren wie Daja oder dem Patriarchen und nach der Flucht des Klosterbruders und des Derwischs. Damit greift das Gesamt-›Geschichtchen‹ die positiven Denkmöglichkeiten der Ringerzählung auf und schließt das negativ Angedeutete, die Denkmöglichkeit, dass jegliche Geschichte ins Chaos führt und dass alle Verheißungen der Religionen Betrug waren, aus. Freilich hatte die positive Denkmöglichkeit der Ringerzählung *eine* Voraussetzung: dass die drei Söhne den ›Rat‹ des bescheidenen Richters folgen und versuchen, der Kraft ihrer Ringe **mit Wohltun** zu Hilfe zu kommen. Und genau dies ist der Schluss, den der vom Hin und Her zwischen Komödischem und bedrohlicher Realität verunsicherte Zuschauer und Leser ziehen soll: Wenn es überhaupt einen Weg zum Frieden, zur Ökumene und zur Völkergemeinschaft geben soll, dann nur, wenn *ich* praktisch und bescheiden zu handeln beginne und auch dann am praktischen **Wohltun** festhalte, wenn ich theoretisch den weiteren Weg der Geschichte nicht überblicke und aufgrund meiner Analyse der Realität nur angstvoll in die Zukunft blicken kann.

Einen solchen ›Rat‹ erteilt Lessing dem Publikum, indem er immer wieder die Dialoge zum Leser oder Hörer hin öffnet und indem er das Fragen weckende Ineinander von Kreuzzugsrealität und Versöhnungsvision schafft. Von diesem Hineinnehmen des Publikums lebt das Stück als Ganzes; so, wie ohne das ›Hineinkommen‹ des Sultans die Ringerzählung sinnlos und Nathans Engagement zum Gleichnis für die Ohnmacht des pädagogischen Worts angesichts der Schlingen und Fallen der Mächtigen geworden wäre, so bliebe das Gesamtdrama ein kraftloser Entwurf einer realitätslosen Utopie, wenn nicht ein Respons des Publikums käme. Freilich: Erschweren die Intelligenz der Dialoge, die Gespanntheit der Wechselrede, das ›Lessingsche‹ der Sprache aller Figuren, auch das Ausgeklügelte der Handlungskonstruktion nicht eine solche respondierende Rezeption? Gerade wenn Lessing im *Nathan* von Analphabeten (Klosterbruder, Recha) als Trägern der Humanität spricht: Schüchtert das Kunstwerk *Nathan* nicht sein Publikum dahingehend ein, dass es nicht mehr unbefangen zum Schluss kommt, *tua res agitur*, dass es nicht mehr den ›Rat‹ vernimmt, dass es nicht mehr die angstvolle Not wahrnehmen kann, aus der dieser Rat geboren wird? Ist damit nicht vorgegeben, dass der *Nathan* **angenehme und rührende Schauer** bei **dem schulgebildeten deutschen Bürger** weckt[65] und – leider – nicht Betroffenheit und aktivierendes Nachdenken?

Solches Fragen kann Antworten nahe legen für den zu beobachtenden Widerspruch zwischen der häufig folgenlosen Rezeption des *Nathan* und dem Responsionsanspruch des Dramas selbst. Doch die Frage nach der Aktualität des *Nathan* kann so nicht beantwortet werden. Allein die Gegenwart des Feuermotivs im *Nathan* und die Erzählung vom Pogrom gleichsam als Hintergrund des Ganzen müssten doch heute – eine gute Aufführung oder eine Anleitung zum gegenwartsbezogenen Lesen vorausgesetzt – den Gedanken provozieren: Das hat mit uns zu tun! Dieses Drama reflektiert doch in all seinen Brechungen des Komödischen, in seiner Infragestellung der Nathanfigur ebenso wie in den Negativmöglichkeiten der Ringparabel und der Gesamthandlung die geschichtliche Ohnmacht seiner Ideale mit. Allerdings wird behauptet, dass trotz Pogrom, dass trotz nahem (und in der Realität nach 1192 neu ausgebrochenem) Krieg, dass trotz der Siege engstirniger Intoleranz die Geschichte noch unabgeschlossen ist, dass noch Zeit für einen ›Rat‹, für aktives Eingreifen bleibt. Diese Hoffnung ist heute weiter verblasst. Nathan repräsentiert als Figur die Idee, dass es möglich ist, dass Menschen aus grauenvoller Geschichte lernen und Kraft für den Kampf gegen das Grauen und seine Vorbedingungen schöpfen. Vielfach wird eine solche Hoffnung heute als erwiesene Illusion hingestellt. Besonders gewichtig und herausfordernd sind dabei die skeptischen oder polemischen Einsprüche jüdischer Autoren. Ernst Simon[66] veröffentlichte 1929, zu LESSINGS 200. Geburtstag, einen Artikel in der ***Jüdischen Rundschau,*** in dem er warnend auf **Nathans blasse Judenschemen** hinwies; im *NATHAN* und in *DIE JUDEN* werde deutlich, dass LESSING, wohlmeinend, die Juden **durch Assimilierung** [habe] **eindeutschen und einmenschen** wollen. Stattdessen plädierte der schon 1928 nach Palästina ausgewanderte Ernst Simon dafür, den **tragischen Bruder Shylock** mit seinem **Stöhnen und Rufen** als den wirklichen Juden zu erkennen.

Diesen Gedanken nahm Hans Mayer in seinen *AUSSENSEITER-AUFSÄTZEN*[67] auf: **In dem didaktischen Märchen *NATHAN DER WEISE* ist, in jener Ambivalenz von Wirklichkeit und Möglichkeit, alle gesellschaftliche Konkretheit absichtsvoll ausgespart. Man befindet sich unter reichen Leuten** [...] Damit sei *jüdische* Emanzipation als Bestandteil der *allgemeinen* Aufklärung gedacht; Nathans Judentum kann dabei ›nur‹ als Religion und nicht als Nationalität interpretiert werden. Nathans Weg sei dem des Moses Mendelssohn verwandt, und der Weg der Familie Mendelssohn habe in der Preisgabe der jüdischen Nationalität zugunsten der deutschen bestanden; dieser Weg habe in Auschwitz sein Ende gefunden. Natürlich sei die Alternative ›**Auschwitz**‹ **und** ›**Israel**‹ im 18. Jahrhundert auch den Juden nicht bewusst gewesen. **Dennoch hätte bereits im Erscheinungsjahr 1779 eine sorgsame Lektüre des dramatischen Gedichts *NATHAN DER WEISE*** [...] **die Brüchigkeit der denkerischen und gesellschaftlichen Prämissen erkennen lassen.** (S. 340) Auch für Mayer verkörpert Shylock den Gegentypus, weil er, mitsamt seinen Geschwistern, kein Religionsproblem aufwirft, sondern sich quer zur bürgerlichen Aufklärung stellt.

Hannah Arendt hat in ihrer *LESSINGPREIS-REDE* (1960 als *VON DER MENSCHLICHKEIT IN FINSTEREN ZEITEN* veröffentlicht[68]) darauf hingewiesen, dass Nathans Reaktion auf Saladins harsche Aufforderung (**Tritt näher Jude!**) unangemessen sei: **Ich bin ein Mensch.** Sie empfinde dieses Ausweichen ins **Menschsein** als ein **groteskes und gefährliches Ausweichen vor der Wirklichkeit.** J. Ph. Reemtsma versucht in *seiner Lessingpreis-Rede* (s. Mat. 9, S. 131 f.) auf diesen Vorwurf einzugehen und Nathan und seinen Autor gleichsam zu rehabilitieren: Als ›Mensch‹ sehe sich Nathan ohne jeden politischen Einfluss, als ›Mensch‹ sei er keiner Gruppe, keiner Gemeinde, keiner Gemeinschaft zugehörig. Er stehe so allein, weil er seine Lebensgeschichte anderen nicht mitteilen könne. **Die einzige Spur der Morde von Gath ist Rechas Leben, und gerade die beschützt Nathan vor dieser Geschichte.** Wenn Reemtsma die Einsamkeit Nathans als ›Mensch‹ so existenzial interpretiert, verliert Nathan seine jüdische ›Spezifität‹. Seine Biografie ist in keiner jüdischen ›Nationalität‹ verwurzelt, seine Klage mündet nicht in die Kaddisch-Gesänge der jüdischen Gemeinde.

Auch Reemtsma empfindet Abstand zum *Nathan* und meint, es sei heute nicht mehr möglich, die Morde von Gath in Schweigen gehüllt stehen zu lassen. Nathan könne heute nicht mehr diskret sein. Ist dann nicht der um sein Kind schreiende und klagende Shylock die verstörendere, die angemessenere Figur?

Das *Nathan*-Drama endet mit einer Umarmungsszene, die die Bedrohung nur indirekt spiegelt; vielleicht würde eine modische Inszenierung das palästinensische Land im Hintergrund des Versöhnungsraums in den Flammen des folgenden Kriegs aufgehen lassen um das Illusionäre der Theaterszene zu dekuvrieren. Aber – wenn überhaupt wir unserem Leben und unserer Gegenwart standhalten wollen – brauchen wir nicht die festgehaltene Hoffnung um uns nicht von realer Negativität in Resignation und Verzweiflung bannen zu lassen? Können wir noch leben, wenn wir unsere Geschichte als in den Katastrophen der jüngsten Vergangenheit beendet und zum schrecklichen Ziel gekommen ansehen? Wenn aber noch Möglichkeit, noch Zukunft denkbar ist, wird dann nicht in unserer Gegenwart ein Leben aus dem ›Rat‹ von neuem sinnvoll? Es wäre ein Leben, das die negativen Denkmöglichkeiten nicht ausschaltet und die Realität nicht leugnet; es wäre eine Existenz, die aus der negativen Aporetik nicht in ein geschlossenes Weltbild, in eine Geschichtstheologie springen müsste. Der aus dem ›Rat‹ Lebende kann die Weltgeschichte nicht garantieren und kann ihren Verlauf nicht sichern, aber sein Versuch, sich aktiv und mit anderen gegen Rassismus, religiösen und ideologischen Wahn und gegen Krieg zu stemmen, macht die eigenen ›Lästerungsgedanken‹ (›Soll sie denn nie kommen, die Zeit der Aufklärung?‹ fragt Lessing sinngemäß in der *Erziehung des Menschengeschlechts*) geschichtlich ein wenig unwahrscheinlicher. Wie ›**Sanftmut**‹, ›**herzliche Verträglichkeit**‹, ›**Wohltun**‹, ›**innigste Ergebenheit in Gott**‹, ›**unbestochne Liebe**‹ jeweils neu Gestalt gewinnen können, wird zu fragen sein, und insofern wird der ›Rat‹ immer neu zu konkretisieren sein. Dass LESSING Gebiete dieser notwendigen Konkretion bezeichnet und welche Gebiete er benennt, macht seine Aktualität deutlich: Das Geld müsste zu einer **Kleinigkeit** werden und die Probleme der Menschen müssten die Priorität vor den monetären Angelegenheiten bekommen (vgl. den Beginn der letzten Szene, S. 134); das Lohndenken müsste überwunden werden, ohne Belohnungsabsicht müssten die Menschen das für gut Erachtete tun (§ 80 ff. der *ERZIEHUNG DES MENSCHENGESCHLECHTS*), Analphabeten und gesellschaftliche Außenseiter (im *NATHAN:* Derwisch, Laienbruder, Recha) können und müssen zu Trägern dieser ins Soziale greifenden Aufklärung werden.

LESSINGS Hoffnung, die sein letztes Drama ausspricht, könnte aktualisiert so formuliert werden: Es möge uns gelingen, ohne geschichtsleugnende Illusionisten zu werden und ohne praxislose Geschichtstheoretiker zu sein, in unserer Gegenwart geschichtlich-politische Verantwortung zu übernehmen um so den Friedens- und Aufklärungsverheißungen der Vergangenheit zu Hilfe zu kommen. Wenn sich uns dies endgültig als ›Geckerei‹ herausstellt, so werden wir von Nathan Abschied nehmen und unseren ›Weg des Derwischs‹ finden müssen.

Zeitungsmeldungen Herbst 1997:

Smadar Elhanan (14) wurde am 4. September 1997 bei einem Terroranschlag in der Ben-Yehuda-Fußgängerzone in Jerusalem getötet. Ihre Mutter, Nurid Peled-Elhanan, schreibt: ›Wenige Stunden nach dem Attentat habe ich meine Tochter im Leichenschauhaus gesehen. Eine Seite ihres Gesichts war völlig verbrannt. Ihr Mund war weit aufgerissen. Solange ich lebe, werde ich dieses Bild vor mir haben. Smadar, der Stolz unserer Familie, Quelle unserer Freude, ist nicht mehr unter uns. Immer wieder hat man mir in der Vergangenheit eine provokative Frage gestellt – mir, der Tochter von Matti Peled [Anm. W. K.: Mattiyahu Peled war als israelischer General maßgeblich mitbeteiligt am israelischen Blitzsieg 1967; aber er war danach zum Pazifisten geworden und zu einem der Pioniere des israelisch-palästinensischen Dialogs]: Was würden Sie sagen, wenn Ihre Tochter oder Ihr Sohn bei einer terroristischen Aktion der Palästinenser getötet würde? Und ich habe immer geantwortet: Ich würde weiterhin meinen, daß die katastrophale Politik, die die Palästinenser in die Verzweiflung treibt, die Ursache für dieses Unheil ist. Wenn ein solches Unglück mich treffen sollte, würde es mich in der Überzeugung bestärken, daß nur die Koexistenz beider Völker die Spirale der Gewalt und des Todes Unschuldiger stoppen kann. Und nun ist es da. Also wiederhole ich heute, was ich gesagt habe, und zwar mit noch größerer Entschiedenheit.‹ (Le Monde diplomatique, in *TAZ*, 2. 10. 97)

Am 11. November 1997 war der siebenjährige Ali Jarawisch in Bethlehem, vielleicht versehentlich, von einem israelischen Soldaten mit einem Gummigeschoß am Kopf getroffen worden. Am 15. November starb Ali an sei-

nen Verletzungen im Jerusalemer Hadassa-Krankenhaus, in das er nach langer Irrfahrt eingeliefert worden war. Alis Vater gab die Organe seines Sohnes für Transplantationen frei. Der Vater erzählt, der israelische Arzt habe ihn, nachdem Ali für tot erklärt worden war, beiseite genommen und ihm erklärt, daß man dadurch viele Leben retten könnte. ›Er fragte mich, ob ich die Organe nur für arabische Kinder spenden wolle, und ich antwortete ihm, daß mir das nicht wichtig sei. Denn mir kommt es allein darauf an, daß Menschen weiterleben – ganz unabhängig davon, welcher Herkunft sie sind.‹ Natürlich sähen das viele Palästinenser schon aus religiösen Gründen anders, fügt er hinzu. Nach deren Ansicht dürfe ein muslimisches Herz nicht so einfach in ein jüdisches Kind verpflanzt werden. Mahmud Jarawisch aber hat sich ohne langes Zögern über derlei Einwände hinweggesetzt. [...] Leila und Mahmud Jarawisch haben noch sechs Kinder und sind nicht mit irdischen Gütern gesegnet. Der Lohn, den der Vater als Bauarbeiter nach Hause bringt, reicht knapp, um den Unterhalt zu bestreiten. Aber auf keinen Fall möchte Mahmud für sein großzügiges Verhalten materiell entschädigt werden. Daß in der Knesset über die Kompensation in Höhe von 5000 Schekel (umgerechnet 2500 Mark) für die Organspende gesprochen wurde, hat ihn tief verletzt. ›Wir wollen kein Geld für Ali‹, sagt er ruhig, aber sehr bestimmt. (*Die Zeit*, 28. 11. 97)

4 Lessings Selbstwidersprüche: Der Dramenpraktiker gegen den Dramentheoretiker

Lessing hatte im 7. Stück der *Hamburigschen Dramaturgie* gegen ein Drama v. Cronegks angemerkt, es sei **unüberlegt, in einem Stücke, dessen Stoff aus den unglücklichen Zeiten der Kreuzzüge genommen sei, die Toleranz predigen** zu wollen[69], nun aber siedelt er zwölf Jahre später selbst als Autor sein Toleranzdrama in dieser Zeit **unmenschlichster Verfolgungen**[70] an. Das vom Dramentheoretiker Lessing als unpassend Monierte scheint dem Dramatiker Lessing genau das Passende zu sein um die Überraschung und das nachdenkende Fragen des Publikums zu erreichen. Der Widerspruch zwischen historischem Hintergrund und dramatischem Geschehen wird bewusst aufgenommen und gestaltet. Damit taucht als zweite wichtige Frage in diesem Zusammenhang das Problem auf, ob Lessing nicht durch seine Darstellung der offenen und in ihrem Fortschritt so gefährdeten Geschichte das Schattenrisspostulat seiner *Dramaturgie* umstößt. Im 79. Stück der *Hamburgischen Dramaturgie* hatte Lessing im Kontext seiner Ausführungen über die Bedeutung von ›Furcht‹ und ›Mitleid‹ für den Wirkungsprozess dramatischer Produktionen das Furcht Erweckende gegen das Grässliche, gegen den Schrecken abgegrenzt. Der Jammer, der den Zuschauer angesichts des Grässlichen überfalle, führe zum **Murren wider die Vorsehung**, der die **Verzweiflung von weitem nachschleicht.**

> **Man sage nicht: erweckt ihn (sc. den Jammer) doch die Geschichte; gründet er sich doch auf etwas, das wirklich geschehen ist. – Das wirklich geschehen ist? es sei: so wird es seinen guten Grund in dem ewigen unendlichen Zusammenhang aller Dinge haben. In diesem ist Weisheit und Güte, was uns in den wenigen Gliedern, die der Dichter herausnimmt, blindes Geschick und Grausamkeit erscheint. Aus diesen wenigen Gliedern sollte er ein Ganzes machen, das völlig sich rundet […] das Ganze dieses sterblichen Schöpfers sollte ein Schattenriß von dem Ganzen des ewigen Schöpfers sein; sollte uns an den Gedanken gewöhnen, wie sich in ihm alles zum besten auflöse, werde es auch in jenem geschehen: und er vergißt diese seine edelste Bestimmung so sehr, daß er die unbegreiflichen Wege der Vorsicht mit in seinen kleinen Zirkel flicht, und geflissentlich unsern Schauer darüber erregt? – O verschonet uns damit, ihr, die ihr unser Herz in eurer Gewalt habt! Wozu diese traurige Empfindung? Uns Unterwerfung zu lehren? Diese kann uns nur die kalte Vernunft lehren; und wenn die Lehre der Vernunft in uns bleiben soll, wenn wir, bei unserer Unterwerfung, noch Vertrauen und fröhlichen Mut behalten sollen: so ist es höchst nötig, daß wir an die verwirrenden Beispiele solcher unverdienten schreck-**

lichen Verhängnisse so wenig, als möglich, erinnert werden. Weg mit ihnen von der Bühne! Weg, wenn es sein könnte, aus allen Büchern mit ihnen! [71]

Lessing leugnet in diesen Ausführungen nicht, dass die Realgeschichte voller niederdrückender Grässlichkeit ist. Warum aber will er dieses Grässliche trotzdem von der Bühne verbannen? Einmal wegen des geschichtsphilosophisch-theologischen Hoffnungsgedankens, dass das Grässliche im weltgeschichtlichen Zusammenhang **seinen guten Grund** habe; doch dieser Gedanke wird gebrochen durch Lessings im Weiteren implizierte Beobachtung, dass die geschichtliche Realität aus sich heraus nur niederschmetternd wirkt. Darum – und das ist die zweite Begründung des Schattenrisspostulats – muss der Künstler Mut schaffen, um trotz aller **schrecklichen Verhängnisse** auf die Theodizee und die ›Weisheit‹ der Geschichte zu hoffen. Die Geschichte ist nicht durch die Vorsehung gesichert und gleichsam schon im Vorgriff abgeschlossen; vielmehr gilt es, in der unabgeschlossenen und häufig genug niederschmetternd-entmutigenden Geschichte den Gedanken eines Planes des Ganzen zu denken und Hoffnung zu schaffen.

Es ist schwierig, die *Emilia Galotti* und die grässliche Ausweglosigkeit ihrer Schlussszenen mit diesem Schattenrisspostulat zu vereinbaren. Das *Nathan*-Drama dagegen ist genau der Versuch in der Kunst dem Übermächtig-Grässlichen der Realität eine Mut machende Hoffnung entgegenzusetzen. Die Theodizee erscheint hier (wie in der *Dramaturgie*) in der Funktion der Utopie. Allerdings werden die **unverdienten schrecklichen Verhängnisse** nicht von der Bühne verbannt, wie es Lessing provokant im 79. Stück seiner *Dramaturgie* gefordert hatte, sondern sie sind präsent und weisen immer zugleich auf beides, auf die Notwendigkeit und das Ungesichertsein der Humanität in der Geschichte hin. Ganz im Gegensatz zu David Friedrich Strauß' These[72], dass im *Nathan* **Wahn und Finsternis schon zum voraus als besiegt** erscheinen, scheint mir die Gestaltung der Dialektik von Geschichte und Utopie im *Nathan* Beleg für Cassirers Beobachtung[73] zu sein, dass für Lessing **die Erreichung des höchsten Menschheitsziels einem so unzuverlässigen Führer wie der Geschichte anvertraut** ist.

Dass eine Spannung zwischen der realistisch analysierten Geschichte und den aufklärerischen Hoffnungen besteht und von Lessing beobachtet wird, spiegelt sich in der Un-Natürlichkeit der Personen des *Nathan*-Dramas. Anders als er im 75. Stück seiner *Dramaturgie* gefordert hatte, ist der Dramenheld Nathan nicht **mit uns,** dem Publikum, **von gleichem Schrot und Korn;** er ist vielmehr eine Kunstfigur, deren Unwahrscheinlichkeit anzeigt, dass Lessing sein Märchen von der Konstituierung der Menschengemeinschaft über Nation- und Religionsgrenzen hinweg zwar in der Geschichte, aber doch auch *gegen* die (bisherige) Geschichte denkt: Die Hoffnung wird als Spiel realisiert, in dem die Wirklichkeit umgestaltet ist, um das Publikum so auf den Widerspruch zwischen Hoffnung und Wirklichkeit und auf die Notwendigkeit realer Umgestaltung aufmerksam zu machen.

Pointiert und verallgemeinert fasst Horst Steinmetz den Widerspruch zwischen LESSINGS Dramentheorie und seiner Dramenpraxis zusammen[74]; LESSINGS Dramen, die sich **stärker an das kritische Urteilsvermögen des Zuschauers als an seine Gefühlswelt** richten, wollen Fähigkeiten des Zuschauers evozieren, die LESSINGS Dramentheorie im Zuschauer schon voraussetzt; für den *NATHAN* stellt Steinmetz fest: **Der Zuschauer kann sich endgültig erst dann emotional ergreifen lassen, wenn er sich den utopisch-konstruktiven Charakter des Schauspiels vergegenwärtigt hat,** dem emotionalen Übereinstimmungserlebnis muss also eine intellektuelle Deduktion vorausgehen.

5 Epochenproblematik: Lessing – ein Aufklärer?

G. E. Lessing wird nach gängiger Literaturgeschichtsschreibung der Epoche der *Aufklärung* zugerechnet. Doch trotz dieses übereinstimmenden Urteils führt diese ›Eingruppierung‹ zu erheblichen Schwierigkeiten. Was ist Aufklärung, wenn Lessing ein Aufklärer ist? Was sind die Kennzeichen von Aufklärung, wenn *Nathan der Weise* ein Hauptwerk dieser Epoche ist?

Kann man Aufklärung als den **Ausgang des Menschen aus seiner selbstverschuldeten Unmündigkeit** bestimmen (wie es Kant in seinem Aufsatz von 1784 tut), wenn der Aufklärer Lessing die Geschichtsangewiesenheit der Aufklärung so betont in den Vordergrund stellt? Denn Geschichtsangewiesenheit meint doch, dass die Vernunft des Einzelnen sich nie von der Geschichte suspendieren oder emanzipieren kann, dass das bedrohliche Nicht-Aufgeklärtsein der Gegenwart nicht von Einzelnen selbst verschuldet ist und dass Aufklärung nicht die Entscheidung zum individuellen ›Ausgang aus Unmündigkeit‹, sondern kollektive Rettung vor dem Untergang in Krieg und Chaos ist.

Kann man Aufklärung **gleichsam die Inthronisation des Menschen auf Gottes Richterstuhl** nennen[75], wenn Lessing genau dieses Richtersein des Menschen in der noch unabgeschlossenen Geschichte zurückweist?

Kann Aufklärung in der Weise charakterisiert werden, wie Adorno/Horkheimer es versuchen: **Die Aufklärung verhält sich zu den Dingen wie der Diktator zu den Menschen**[76], wenn der Aufklärer Lessing die Hoffnung auf Aufklärung nur auf dem Hintergrund ihrer geschichtlichen Gefährdung formulieren kann und wenn er sich Hilfe suchend an das Publikum wendet, das er, der ›Rat‹ gebende Autor, als die zukunftsbestimmende und entscheidende Größe anspricht?[77]

Alle diese Definitionen von Aufklärung greifen zu kurz, weil sie die Intentionen des Aufklärers Lessing verfälschen oder verkürzen. Natürlich gab es diese engen Auffassungen von Aufklärung schon im 18. Jahrhundert selbst: Der diktatorische Gestus der Aufklärung mit der Gleichsetzung von Wissen und Macht ist sowohl in der Naturwissenschaft der Aufklärungsepoche wie in der Aufklärungstheologie zu finden (der Aufklärungstheologe J. S. Semler z. B. erklärte alle ›alte‹ unaufgeklärte Theologie für dumm und falsch und wies dem Kritiker der alten und neuen Theologie, Lessing, einen Platz im Londoner Irrenhaus an); viele Aufklärer erhoben die Vernunft zum alleinigen Maßstab menschlichen Denkens und geschichtlichen Handelns ohne darüber zu reflektieren, dass sie von ihrer *eigenen* und damit von der geschichtlich vermittelten Vernunft sprachen; zudem wurde Aufklärung häufig als pädagogisches Programm verstanden, nämlich als ein Versuch, den Menschen aus der Dummheit und Dunkelheit des Kindseins in die Helligkeit der erwachsenen Autonomie zu leiten.

Aber all dies steht *neben* LESSINGS Absichten und deckt sich nicht mit den Intentionen des *NATHAN*-Autors. Entweder war LESSING kein Aufklärer, oder der Begriff der Aufklärung wird weithin zu eng gefasst. Es ist mit Blick auf LESSING zu fordern, dass der Aufklärungsbegriff neben einer geschichtsnegierenden bzw. geschichtsvergessenden eine geschichtsangewiesene Aufklärung miterfasst; Aufklärung ist nicht nur Inthronisation des Menschen und seiner Vernunft auf den Richterstuhl Gottes, sondern zugleich ist sie auch und im Widerspruch zu dieser Art Aufklärung Reflexion über die Geschichtsangewiesenheit des Menschen und seiner aufklärerischen Ideale. Aufklärung muss als Begriff diese ›unbefriedigte‹, auf geschichtliches Wahrwerden angewiesene Aufklärung, deren Sein im Werden ist, mitumschließen.

Aufklärung ist – nach Meinung marxistisch orientierter Germanisten[78] – die **Bewegung des nach ökonomischer, sozialer und geistiger Emanzipation drängenden Bürgertums.** Diese Angabe, die alle Arten des ›Aufgeklärten Absolutismus‹ ausschließt, wird auch im Zusammenhang mit LESSING fraglich: Nathan ist nicht der Bürger schlechthin; er wird erst durch seine individuelle Vergangenheit, was er ist; und andere Träger der Humanität wie Recha, der Derwisch oder der Klosterbruder sind ausgesprochen ›unbürgerlich‹ gezeichnet: spontan, ungebildet im Sinne ›äußerer Bildung‹, Geldverächter. Wenn man Voltaires Behauptung, durch Börse und Handel käme praktisch Völkerversöhnung und erwünschte Religionsvermischung zustande[79], mit der Rolle des Geldes im *NATHAN* vergleicht, so ergibt sich bei LESSING eine bei weitem nicht so eindeutige und positive Bewertung des Geldes und der Geldgeschäfte: Zwar ist Nathan Kaufmann par excellence, aber die ihm als Kaufmann zukommenden typischen Verhaltensweisen hat er nicht (so kritisiert er z. B. Saladins Fixierung auf das Geld: **vor allen Dingen** [...] in der Schlussszene: **Warum zuerst von dieser Kleinigkeit?**); seine Biografie hat ihn zur Relativierung des Geldes gebracht; er ist Kaufmann und hängt nicht an seinem Reichtum. Aus diesem Widerspruch lebt die *konkrete* Figur Nathan, die deshalb auch nicht den Typus des Kaufmanns verkörpert. Dass die ökonomischen Notwendigkeiten zu antihumanen Zwangssituationen führen, spricht im *NATHAN* nicht nur der Derwisch deutlich aus, vielmehr wird dieser Zwang in der geplanten Schurkerei des Sultan gegen Nathan manifest. Ganz im Gegensatz zur **Hoffnung vieler Aufklärer, [...] daß der Handel die Aufklärung vorantreibe, Verständigung unter den Völkern bewirke**[80], schaffen hier der Geldhandel und der

Geldmangel gegenseitiges Misstrauen und Belauern; Nathan antwortet denn auch im Sammlungsmonolog (III 6) in einer Weise, die die merkantile ›Soziogenese der Toleranzidee‹ zwar sichtbar macht[81], sie aber zugleich hinterfragt: **Wie Geld in Sack, so striche man in Kopf/Auch Wahrheit ein?** Wahrheit und Geld werden hier deutlich auseinander gesetzt und jeder automatische Zusammenhang zwischen Handel und Toleranz ist verneint.

NATHAN ist nicht – zumindest nicht in direkter, unvermittelter Weise – ein Drama des Bürgertums und seiner Emanzipation. Humanität wird in ihm nicht (nur) durch bürgerliche Figuren getragen, sondern auch durch den fürstlichen Herrscher und vor allem durch einfache, biedere Menschen, ja durch Analphabeten. In dieser sicher nicht zufälligen Provokation des auf Bildung bedachten aufstrebenden ›Bürgers‹, die der expliziten Hereinnahme des ›Pöbels‹ in LESSINGS Publikumsbegriff während des Fragmentenstreits entspricht[82], geht LESSING über den bürgerlichen Rahmen der Aufklärung hinaus. In der *ERZIEHUNG DES MENSCHENGESCHLECHTS* hat dieser Aufklärer die Beendigung der Belohnungsmoral als das Ziel und den Inbegriff der Aufklärung angegeben: Die **völlige Aufklärung** ist dann erreicht, wenn der Mensch das Gute tun wird, weil es das Gute ist (§ 85), wenn also die Lohnmotivation wegfällt. Dieser utopische Entwurf eines dritten Zeitalters der Aufklärung scheint eher auf kommunistische Ideale als auf bürgerlich-kapitalistische Realitäten und Moralvorstellungen hinzuweisen.

Noch verwirrender wird die Epochenproblematik, wenn man den *NATHAN* von 1779 als Aufklärungsdrama in Relation zu den Arbeiten des Sturm und Drang setzt, der seit 1770 deutliche Konturen und mit Klingers Drama 1776 den Namen bekommen hat. Erinnert man sich der gängigen Kriterien, so wird man sofort gegenfragen müssen: Ist *NATHAN* ohne Gefühl, oder ist Goethes *WERTHER* ohne Kalkül und Verstand geschrieben? Ist LESSINGS Sprache im *NATHAN* – z. B. in der Äußerung Nathans über Recha – nicht voller Wärme und Emotion? Ein zeitgenössischer Rezensent, B. L. Trolles aus Breslau, moniert sogar LESSINGS **Exclamationen** wie **Ha!, Pah!** und seine häufig überspannte Sprache; dies galt dem ›Aufklärer‹, nicht einem ›Stürmer und Dränger‹. Der *NATHAN* ist nicht als Tragödie, nicht als Komödie zu registrieren, Didaktik und theatralische Komik vermischen sich: LESSING selbst hat die Gattungen einer höheren Absicht wegen in seinem Werk zusammenfließen lassen und alle Regeln beiseite gesetzt; gilt solche Freiheit des Genies nicht als Kennzeichen des Sturm und Drang? So zerfließen die Begriffe und es zeigt sich, dass **die Ausdrücke uns den Wahn vorzaubern, als besäßen wir einen schlüssigen Begriff für den Zusammenhang und die Einheit einer ganzen Zeit, einen Begriff, in den alle Erscheinungen eines Zeitraums aufgehoben wären, während wir in Wirklichkeit eine solche Einheit bloß vage vermuten.**[83] Weder ist Aufklärung befriedigend zu definieren noch sind Aufklärung und Sturm und Drang in Deutschland sauber voneinander abzuheben oder gar gegeneinander zu setzen. Trotzdem: **diese Ausdrücke sind zum allgemeinen geltenden geistigen Zahlungsmittel geworden, und deshalb mag man sie nicht mehr missen, wenn auch ihr Wert stets fraglich und schwankend bleibt.**[84] Unter diesen Vorbehalten will ich versuchen, selbst einige ›Epochenmerkmale‹ zu notieren:

Einige Epochencharakteristika

	AUFKLÄRUNG (spezielle Beachtung LESSINGS)	STURM UND DRANG (spezielle Beachtung von GOETHES *GÖTZ* und *WERTHER* und von SCHILLERS *RÄUBERN*)
Zielvorstellung	Ausgang aus selbstverschuldeter Unmündigkeit (KANT) Ziel sittlicher Vervollkommung: Brechung jeder Art von Belohnungsmoral (das Gute um des Guten willen tun, LESSING)	Forderung nach freier Expressivität des genialen Individuums Hoffnung auf das brüderliche Zusammenleben freier Individuen
Gegner	Gegen Aristokratie und höfische Etikette Gegen dogmatische Theologie, für freie Wissenschaft und Forschung	Gegen Aristokratie und einengende Regeln des bürgerlichen Alltags dasselbe
Kunsttheorie	Gegen einengende Regeln, gegen Regellosigkeit, für Natürlichkeit. SHAKESPEARE als Vorbild Kunst als ›Schattenriss‹ einer erhofften Wirklichkeit: utopischer Gehalt der Kunst Moralische Wirkabsicht, Veränderung des Publikums (Erziehung zur Mitleidsfähigkeit)	dasselbe Künstler als ›alter deus‹, aus dessen Natur sich die Regeln zwanglos ergeben Hochschätzung der Volkspoesie Dialektik von Notwendigkeit des Ganzen und Freiheit des individuellen Willens: Kunst als Aufzeichnung der Widersprüche
Publikum	Mobilisierung eines möglichst großen Publikums, Abbau der Unterscheidung zwischen gelehrt und ungelehrt (Volksbildungsprogramme)	Schreiben häufig als Akt der Selbstbefreiung, bei der Publikation dann Warnung des Publikums vor der geschilderten Einseitigkeit und Unbedingtheit
Weltanschauung	Hoffnung auf geschichtlichen Fortschritt. Pessimismus als Unterströmung (aber auch bei anderen Aufklärern als LESSING: Dogmatik einer unwidersprechlich wahren und natürlichen Vernunft)	Übermacht der Negativität: das Individuum geht zugrunde an den gesellschaftlichen, religiösen oder naturgegebenen Zwängen und kann Freiheit nur im Tod verwirklichen
Sprache	clarté	(teilweise ans Parodistische streifende) Expressivität, Neologismen
	Beides sind Auflehnungsbewegungen gegen die Aristokratie und ihre erstarrte (Rokoko-)Kultur. Im Kern sind sie deshalb als Emanzipationsbewegungen (des dritten und tendenziell auch des vierten Standes) verwandt. Nur akzentuiert die Aufklärung mehr die Bedeutung des *allgemeinen* Fortschritts, des Denkens und des sittlichen Empfindens, während im Sturm und Drang das *Individuum* und sein Gefühl gegen die absolutistische Willkür verteidigt werden.	

6 Etappen der Rezeptionsgeschichte des »Nathan«-Dramas

Die Beobachtung, dass Lessing als Dramentheoretiker im Publikum voraussetzt, was er als Dramenpraktiker im Publikum erst evozieren will (sodass seine Dramentheorie tendenziell affirmativ-bestätigend, seine Dramenpraxis aber provokativ-verändernd ist[85]), führt zur Frage, ob denn das Publikum sich hat verändern lassen. Fontanes traurig stimmender Befund: **Seit hundert Jahren lebt nun dies Evangelium der Toleranz, seit hundert Jahren wird es gelesen, dargestellt, zitiert; jede Figur ist populär, jede Sentenz ein geflügeltes Wort geworden – und was ist das Resultat?** wird wohl auch heute, zweihundert Jahre nach *Nathan*, zu wiederholen sein. Und doch sollte diese resignative Feststellung nicht zu der Annahme verleiten, die *Nathan*-Rezeption sei gleichsam Grau in Grau verlaufen, ohne signifikantes Auf und Ab, immer nach dem Refrain ›gut gemeint, aber wirkungslos‹. Nein, dass der *Nathan* provokative Kanten hat, wird durch die Rezeptionsgeschichte ebenso verdeutlicht wie das andere, dass er zumindest Einzelnen Mut gemacht hat.

1. Erste Aufführungen: Lessing selbst wagte nicht mit Aufführungen zu rechnen: **Noch kenne ich keinen Ort in Deutschland, wo dieses Stück schon jetzt aufgeführt werden könnte.**[86] Das zur Leipziger Messe 1779 erschienene Drama wird zunächst auszugsweise in Aschersleben, Mannheim und Bonn gelesen[87]; für 1780 wird von einer Lesung mit verteilten Rollen in Hamburg berichtet.[88] Im April 1783 kommt es zur Uraufführung in Berlin; eine zeitgenössische Rezension berichtet, man habe erwartet, dass das Publikum **das Haus stürmen** werde, doch die Aufnahme war zurückhaltend; am dritten Abend spielte die döbbelinsche Truppe vor fast leerem Haus. In den weiteren Jahren folgen dann einige wenige Aufführungen (1785 Preßburg, 1788 Lübeck, 1789 Pest usw.), doch der Durchbruch gelingt dem Stück erst mit Schillers Bearbeitung 1801 in Weimar.

Die Besprechungen des *Nathan* in den zeitgenössischen Journalen sind weit gehend wohlwollend, häufig bemängelt wird das Nicht-Theatralische des Stücks. Kritik äußern einige Rezensenten am **Ton** des Stücks, **der der Offenbarung nicht eben günstig** sei.[89] Der Breslauer Arzt und Schriftsteller B. L. Trolles fühlt sich genötigt **christliche Betrachtungen** gegen Lessings Stück zu stellen, und 1782 erscheint in Dessau der Versuch eines Gegenstücks (*Der Mönch vom Libanon. Ein Nachtrag zu »Nathan der Weise«*, von Georg Pfranger, dem Hofprediger zu Meiningen), in dem Recha zum Christentum bekehrt und auch Saladin auf einen christlichen Pfad gelenkt wird.

Ein Brief Hamanns an Herder gibt etwas Einblick in das Ärgernis, das Lessings dramatisches Gedicht wohl doch gegeben hat.

> **Vorige Woche habe ich die 10 ersten Bogen von Nathan gelesen und mich recht daran geweidet. Kant hat sie aus Berl. erhalten, der sie bloß als den 2 Theil der Juden beurtheilt und keinen Helden aus diesem Volk leiden kann. So göttlich streng ist unsere Philosophie in ihren Vorurteilen bey aller ihrer Toleranz und Unpartheylichkeit!**[90]

Derselbe Judenhass wird im folgenden Brief greifbar:

> **Urtheile der Bosheit und der Dummheit hört' ich die Menge; zum Besten der Menschen einen Juden, zum Schlimmsten, einen Christen zu machen, welch ein Verbrechen!** (J. W. Gleim an Lessing, am 22. Juli 1779).

2. Schiller beurteilte den *Nathan* beckmesserisch nach den Kriterien seiner Dramentheorie: **Der Tragiker muß sich vor dem ruhigen Raisonnement in Acht nehmen und immer das Herz interpretieren; der Comiker muß sich vor dem Pathos hüten und immer den Verstand unterhalten** (aus: *Über naive und sentimentalische Dichtung*, 1795). So glaubte sich Schiller im Recht, Lessings dramatisches Gedicht entweder zur **guten Tragödie** durch den Verzicht auf das *Raisonnierende* oder zur **guten Comödie** durch die Aufopferung des *Pathetischen* umzuarbeiten (nach einer Anmerkung zu *Über naive und sentimentalische Dichtung*). Für die Weimarer Aufführung strich Schiller u. a. die Ausführungen des Derwischs über das Geld und die Struktur der Sultansherrschaft und er ersetzte die Begründung für Al Hafis Fluchtpläne durch eine Begründung für Al Hafis praktisches Engagement im Dienst des Sultans. Anstelle der fünfzig letzten Verse in I 3 (S. 20 f.) stehen nun diese siebzehn:

> **Nathan:**
> **Nun aber, daß du dich dazu entschlossen?**
> **Derwisch:**
> **Was mich verführte? Gut! so hört mich an!**
> **Als ich von weisen Männern in der Wüste**
> **Vernahm: wie in der Welt es eigentlich**
> **An redlichen, an wackern Männern fehle!**
> **Die recht im Ernst das Gute wollten. Wie**
> **Man mit so Wenigem das Böse hindern,**
> **Mit Wenigem das Beste fördern könne,**
> **Warum, so dacht' ich, solltest du nicht auch**
> **In diese Räder greifen? Deinen Willen,**
> **Den besten, auch in Tat verwandeln? So**
> **Kam ich hierher und sah und lernte hoffen,**
> **Nahm Anteil an der Welt, und was noch schlimmer ist,**
> **Am Staat, ich nahm ein Amt und stecke nun –**
> **Nathan:**
> **Grad wie ein Derwisch, der mit Himmelsgütern**

Zu walten weiß und nun auch irdische
Verwalten soll.
DERWISCH:
Und so geschieht mir recht.

Göbel[91] fasst die ›Korrekturen‹ zusammen: Schiller **machte aus Lessings vieldeutigen Bezügen zur Wirklichkeit ein hochstilisiertes Schillersches Drama.** Diese Verfälschung öffnete dem *NATHAN*-Stück den Weg auf die Bühne.

3. Die Geschichte des *NATHAN* in der Periode der Romantik wird durch die Stellungnahmen der Brüder Schlegel geprägt. In ihren Äußerungen ist hinter überschwenglichem Lob und intelligenter Analyse erhebliche Kritik an LESSING verborgen. So spricht Friedrich Schlegel von einer **Affektation der manierierten Darstellung** in LESSINGS Dramen, die sich besonders im **Lessingisieren** der Charaktere zeige; die dramatische Form des *NATHAN* sei nur **Vehikel** und **mit liberaler Nachlässigkeit** gearbeitet; die Frauenfiguren dienten nur als **Staffelei: denn wie ungalant Lessing dachte, das übersteigt alle Begriffe.**[92] Friedrich Schlegel spricht dann weiter vom **durchgängig zynisierenden Ausdruck**, der **beste Prosa** (also nicht Poesie) sei, er behauptet, er tadle **das gar nicht**, er sage nur, **so ists.** Dieser Gestus der Kritik, die sich als Zustimmung oder Überparteilichkeit tarnt, macht sie recht wirksam und schwer angreifbar. So wie Friedrich von der **theatralischen Effektlosigkeit oder Effektwidrigkeit** des *NATHAN* spricht, bemängelt August Wilhelm Schlegel die zu wenig rasche Bewegung in der Handlung, die es verhindere, dass das Stück auf der Bühne gefalle.[93] Ludwig Tieck zeigt die ›romantische Ablehnung‹ LESSINGS deutlicher, wenn er 1826 feststellt: **Der *NATHAN* ist jetzt in manchen Städten aus höhern Rücksichten wieder vom Theater verschwunden. Für das Theater kein großer Verlust [...]**[94].

4. Nachdem LESSINGS *NATHAN* von den Jungdeutschen und im Vormärz (z. B. von dem Literaturhistoriker Georg Gottfried Gervinus, von Wolfgang Menzel, von David Friedrich Strauss, vor allem aber von Heinrich Heine) als Licht- und Bezugspunkt wieder entdeckt worden war, wurde er während des Kaiserreichs zu einem äußerst umstrittenen Drama: von Antisemiten kritisiert, von Ideologen des deutschen Reichs verfälscht, von Verfolgten als ihr Stück gefeiert.

Eugen Dühring führte seinen von plattem Materialismus gesteuerten Kampf gegen Christentum und Juden auch gegen LESSING, diesen **Verfasser jenes platten Judenstücks, welches sich »Nathan der Weise« betitelt und ganz abgesehen von der judenverherrlichenden Tendenz lau und flau sei.**[95]

Josef Nadler versuchte zu differenzieren, um seiner Kritik an LESSING, diesem **Sproß einer eingedeutschen Slawensippe**, den Schein der Objektivität zu geben: LESSING habe in Bezug auf die Entwicklung dramatischer Formen Bahnbrechendes geleistet, doch **der Inhalt seiner Arbeit** sei **rasch überholt** worden und solle denn auch die aktuelle ideologische Vorbereitung des Krieges nicht weiter stören.[96]

In anderer, nicht ablehnender, sondern verfälschender Weise begegnen Treitschke und dann später Knappstein LESSINGS *NATHAN*. Beide beziehen sich auf eine Aufführung des Dramas in Konstantinopel, die dort 1842 in neugriechischer Übersetzung stattgefunden hat und die beim Publikum auf große Resonanz gestoßen war; statt die Völker versöhnende Kraft des *NATHAN* hervorzuheben wird dieser Erfolg des Dramas als gewonnene Schlacht für den deutschen Geist gebucht und als Beleg für seinen welterlösenden Missionsauftrag genommen: [...] **da mochte wohl ein Deutscher stolzer den Nacken heben. Denn** [...] **hier strahlte siegreich die Macht des deutschen Genius allein, das weltbezwingende Lächeln der Menschenliebe**, notiert Treitschke 1863[97] und Th. Knappstein führt 1915 in seinem Vortrag *DER KRIEGERISCHE LESSING* zu derselben Aufführung aus: **In der Tat: mit Lessings Lehrgedicht von der Menschenbrüderschaft aller Guten auf dem Boden von Wahrheit und Freiheit fiel an Deutschland die Führerschaft unter den Völkern zum höchsten Menschentum.**[98]

Zugleich wurde LESSINGS *NATHAN* in dieser Zeit des preußischen Militarismus und des latenten Antisemitismus als Stück gegen den Zeitgeist verstanden und gefeiert. Emphatisch urteilt z. B. Alfred Kerr[99] zur Zeit der Marokkokrisen 1911: **Lessing bleibt im äußersten Sinn ein hoher Zivilist. Ich habe den heiligen Eindruck wieder, wenn ich diese Dichtung sehe: hier sind ein paar anständige Menschen; und rings um sie die Sintflut.** Der Rabbiner Abraham May Goldschmidt interpretiert den *NATHAN* 1860 als das deutsche Drama, durch das **die Juden Deutschlands mit dem deutschen Vaterlande beschenkt** worden seien[100]; weniger interpretations-optimistisch sind die Bemerkungen, die Ludwig Auerbach einundzwanzig Jahre später zum *NATHAN* und seiner Aktualität macht. Nach seiner Meinung würde Nathan heute (1881) darauf hinweisen, wie sich die Religion der Liebe bei den Deutschen zur Judenfeindschaft verkehrt habe, doch zugleich würde Nathan zeigen, dass im deutschen Volk **die Rechtschaffenen und Einsichtigen nicht davon berührt** worden seien. Auerbach fleht die Verfolgten und Ghettoisierten an, Nathans Worte auch in ihrer Situation mitzusprechen: **Aus allen Erschütterungen des Gemüts, aus allen Versuchungen der Verzweiflung heraus ruft mit mir: Und doch ist Gott! Und doch wird der Geist der Humanität siegen!**[101]

Am verhängnisvollsten für das Stück und seinen publikums-provozierenden Charakter wird aber in dieser Zeit vor dem Ersten Weltkrieg seine

›Entschärfung durch Gemütlichkeit‹ gewesen sein. Sie spiegelt sich in Franz Mehrings Feststellung, dass der *Nathan* **zum Banner desselben breitmäuligen und schwatzschweifigen Aufklärichts geworden [ist], gegen den Lessing gerade sein gutes Schwert gezogen hatte.**[102] Anstelle der im *Nathan* dargestellten Gefährdung aufgeklärter Toleranz in der Geschichte, anstelle des Appellcharakters dieses Dramas kann Mehring nur die **iffländische Gemütlichkeit, womit sich Jude, Sultan und Tempelherr über Toleranz unterhalten,** erkennen. Diese Art der ›Gemütlichkeit‹ muss die Rezeption des *Nathan* immerhin so geprägt haben, dass nicht einmal der polemische, Lessing vor deutsch-nationalen Verzerrungen schützende Mehring das Verfälschende dieser Aufführungen durchschauen konnte.

5. In den kurzen Jahren der Weimarer Republik kam Lessing zu neuem Ansehen, wobei die Reden zum Jubiläumsjahr 1929 sein Europäischsein (Thomas Mann), ja seinen ›Widerspruch‹ zu seiner Nation (**er zeigte eine Möglichkeit deutschen Wesens, die ohne Nachfolge blieb,** Hugo von Hofmannsthal) aufzeigten. Damit war Lessings ›Schicksal‹ und infolgedessen auch das seines *Nathan* während der Herrschaft der Nationalsozialisten vorprogrammiert: Der Literaturwissenschaftler Adolf Bartels dekretierte 1934, der *Nathan* sei ›rückständig‹, man kenne im Gegensatz zu Lessing die Juden inzwischen genauer. Von 1933 bis 1945 war die Behandlung des *Nathan* in der Schule verboten; und aufgeführt wurde das Stück einzig durch das Theater des Berliner Jüdischen Kulturbundes. Das war jenes Theater, das den Juden zunächst vom Regime zugebilligt wurde, als ihnen der Besuch ›deutscher‹ Theater untersagt worden war. Gegen die zynisch-bewusst eingesetzte ›Salamitaktik‹ der Nazis in der Judenfrage blieben die Appelle dieses Dramas hilflos, vielleicht wurde hier statt Hoffnung eine Illusion gestiftet, die die Zuschauer zu ihrem Verhängnis weiter an Deutschland band und sie hilflos machte. Insgesamt war es die Absicht der Nazi-Germanistik, **Lessing zu kritisieren und herabzusetzen,** wie der holländische Germanist Nico Rost seine Lektüre des ***Völkischen Beobachters*** am 16. Juni 1944 im KZ Dachau zusammengefasst hat.

6. Nach 1945 wurde der *Nathan* gleichsam zum ›Wiedergutmachungsstück‹. Besonders die Nathan-Darstellung durch Ernst Deutsch (s. Mat. 10a) sollte den Neuanfang gegenüber der NS-Zeit markieren. Die Frage mag erlaubt sein, ob hier nicht häufig der Antisemitismus einfach zum Philosemitismus umgefärbt wurde, sodass eine Unbefangenheit zwischen Deutschen und Juden wieder nicht entstehen konnte. Mehring stellte schon 1893 die These auf, die auch nach dem Zweiten Weltkrieg Beurteilungsmaßstab bleiben kann: Es sei Lessings **bleibender Ruhm, daß sich weder die Antisemiten, noch die Philosemiten mit irgendwelchem Recht auf ihn berufen dürfen.**[103]

Inzwischen ist *Nathan* zum anerkannten und wenig umstrittenen Theaterklassiker geworden: In Stuttgart z. B. (Inszenierung K. H. Stroux) wurde er in -zig Aufführungen über mehrere Jahre hinweg und immer wieder vor ausverkauftem Haus gespielt. So sehr man sich die Auseinandersetzung um dieses Stück als ein Zeichen seines Lebendigseins wünschen mag, so wirkt doch die heutige Polemik gegen den *Nathan* wie eine unzeitgemäße Farce: am 25. 11. 1974 bezieht Rolf Scheffbuch, ein Sprecher der württembergischen pietistischen Gruppierungen, in der landeskirchlichen Synode Stellung gegen Lessing und seinen *Nathan*: **Lessing hat die These in die Welt gesetzt: Andersgläubigen gegenüber ist Toleranz und Liebe vonnöten. Bekehrungseifer ist fanatisch, überheblich, borniert, schlecht.** Scheffbuch fordert nun, diese lessingsche Behauptung solle **aus den Köpfen der Menschen heute verschwinden.** Und er muss bedauernd feststellen: **Aber nein, sie frißt um sich wie ein Geschwür.** Nach diesem angstvollen Befund, der in der Liebe Andersgläubigen gegenüber ein wucherndes Geschwür erblickt, bleibt Scheffbuch nur die kleine Hoffnung auf ›seine‹ Württemberger: er gibt zu bedenken, dass **die Kirche trotz Herrn Lessing** von den **Quälgeistern** und **Schwärmern** lebt, die wie die Christin Daja sind. Immerhin verzeichnet das Synodenprotokoll Beifall für diese Ausführungen.

7. Nach 1980: Peymanns Bochumer Inszenierung (1981) und Heymes Stuttgarter *Nathan* (1982) bezeichnen eine neue Etappe der Rezeption. Wenn auch Peymann den *Nathan* spielerischer dargeboten hat, so galt doch für beide Aufführungen und speziell für die Nathan-Darsteller (Traugott Buhre in Bochum und Wolfgang Robert in Stuttgart, s. Mat. 10c und 10d), dass ihnen die jüngere jüdische (und auch deutsche) Geschichte aufgebürdet ist. Dieser Nathan hat das Ghettoleben ausgehalten, er ist dem Holocaust entflohen, und nun versucht er abermals sich zum Weitermachen, Weiterkämpfen zu überreden. Die Nürnberger Inszenierung von Karl-Dirk Schmidt (1988) spielt den fortdauernden verzweifelten Kampf und die bittere Aggressivität Nathans grell hervor, indem nun die Bühne beinahe nackt ist und alle Aufmerksamkeit den Gesten, den Gesichtsverzerrungen, den Dialogen und ihren Abgründigkeiten zugewandt werden kann. Jossi Wielers Basler Inszenierung (1991) verzichtet auf alles Pathos, auf jeden Predigt-Ton, auf große Gefühle und große Worte. Man sieht keinen ›edlen Nathan‹, sondern einen grundvernünftigen Menschen, dessen Lebensklugheit großen und schweren Erfahrungen abgetrotzt ist. In George Taboris Szenencollage *Nathans Tod* (Wolfenbüttel 1991) wird Nathan mitsamt seinem Vernunftglauben begraben. Im Leipziger *Lessings Nathan* flackern Ölbrände auf der Bühne, aus dem Märchen einer taghellen Vernunft wird ein Nachtspiel. Um die ›Familien-

zusammenführung‹ in der Schlussszene zu ermöglichen und so Recha unter den Schutz des Sultans zu bringen, fälscht Nathan das Familienbuch; die Schlussidylle basiert auf einer Lüge. Dies ist zwar gegen LESSINGS Text gespielt, aber es macht doch auf das Kalkulierte und Unselbstverständliche des Originaltextes aufmerksam.

Diese zeitgenössischen Inszenierungen und Bearbeitungen verwirklichen, was neuere wirkungsästhetische Studien als auktoriale Intention glauben nachweisen zu können: Es sei LESSINGS Strategie und intendierte Wirkung gewesen zu verunsichern:

> **Die wirkungsästhetische Analyse zeigt, daß *NATHAN* nicht, wie die Geschichte seiner Rezeption glauben machen könnte, als Thesenstück mit dementsprechender Utopie als Ausgang intendiert ist. Die auktoriale Intention des Dramas ist vielmehr eine therapeutische: Statt dem Leser die Utopie zu liefern, läßt Lessing den Leser gerade die Fragwürdigkeit seiner eigenen Realität und Werte und Ideale selbst entdecken [...]**

und nötigt so Leser und Zuschauer zum Selbstdenken.[104]

8. LESSINGS *NATHAN* in der Schule: Mitte des 19. Jahrhunderts entbrannte ein Streit um die Behandlung des *NATHAN* in der Schule. Ein Beispiel für die ablehnende Argumentation[105]:

> ***NATHAN* ist mehr die Frucht der Polemik als des Genius [...] Goethe erkannte, daß in diesem Stücke der Verstand fast allein spricht, Schiller, der das Werk nicht liebte, erklärte auch, daß seine Schönheiten im Räsonnieren lägen, und Friedr. Schlegel warf dem Dichter vor: die dramatische Form sei nur Vehikel, und nannte Lessings Gedicht ein Elementarbuch des höheren Zynismus; A. W. v. Schlegel meint: es sei geschrieben, den Theologen einen Possen zu spielen. Wohl weiß der Verständige, wieviel an diesem Tadel übertrieben ist oder unbegründet; er weiß aber auch wieviel davon wahr ist; er weiß namentlich, daß sich eine wunderbare Kühle über das ganze Werk ergießt, welche den jugendlichen Leser in keinem Schwunge dahinreißt [...]**
> **Aber geben wir selbst zu, es soll auch einmal der Jugend etwas geboten werden, was [...] ohne das Pathos der Jugend zu erregen, nur durch seine Verständigkeit wirken will und lediglich durch den Verstand gewonnen werden kann. Wenn dies geschehen soll, darf dann gerade Polemik und solche Polemik geboten werden, welche, wie Lessing sagt, gegen *alle* positive Religion gerichtet ist? Einführung in Polemik ist ohne Segen für die Jugend und höchstens zur Schärfung des Witzes und als Verstandesspiel ein oder das andere Mal zulässig. Hier nun ist ein ganzes Drama auf Polemik basiert, und zwar auf eine Polemik, die gerade gegen dasjenige ankämpft, was der Jugend am meisten nottut und was die Aufgabe der höheren Lehranstalten nicht ist zu untergraben, gegen den Glauben.**

Die Befürworter des *NATHAN*, deren Befürwortung die eigene kritische Stellung zum Drama durchaus anzumerken ist, setzten sich durch:

> *Nathan der Weise* ist durch den reflektierenden Charakter der Poesie, durch den geschichtlichen Schauplatz, auf welchem er spielt, und namentlich durch den Zusammenhang mit dem geschichtlichen Boden, auf welchem er erwachsen ist, ganz besonders geeignet, in der Schule kommentiert zu werden [...] Diesen Zusammenhang des Gedichtes mit seiner Zeit und des Verfassers Stellung innerhalb derselben hat der Lehrer nachzuweisen und zu erläutern, zu zeigen, wie nach Lessings eigenem Ausdrucke, *Nathan* ein Kind der Polemik ist, und wie ihm in der Tat noch viel Erde von dem Boden, welchem er entsprossen ist, an der Wurzel hängt [...][106]

So gehörte der *Nathan* bis 1933 zum Kanon des Faches Deutsch. Nach 1945 wurde er sowohl in den ostdeutschen wie in den westdeutschen Oberschulen zum Pflichtstoff. Die westdeutsche Schulreform hat aber in den letzten Jahren – sowohl in den Oberklassen der Gesamtschulen wie in den Kursen der reformierten Oberstufe der Gymnasien – dazu geführt, dass der *Nathan* nicht mehr zu den Pflichtlektüren gehört: Die deutschen Reifezeugnisse sind auch ohne Bekanntschaft und Auseinandersetzung mit diesem Text zu erlangen.

Unterrichtshilfen

1 Didaktische Aspekte

Die in diesem Buch gegebene Interpretation von LESSINGS *NATHAN* ist Grundlage für die Behandlung dieses Dramas im Deutschunterricht der gymnasialen Oberstufe gewesen und die theoretischen Ausführungen sind in vielfacher Hinsicht durch die praktischen Unterrichtserfahrungen belebt und geprägt worden. Die Schemata (z. B. zur Handlungs- und Zeitstruktur oder zum Epochenvergleich) spiegeln dies am deutlichsten wider; aber auch im Text wird der Praktiker viele Anregungen für den Unterricht, für Lehrziele und Stundenverläufe finden können. Trotzdem mag es nicht überflüssig sein, einige unterrichtspraktische Hinweise methodischer und didaktischer Art ganz direkt zu geben.

a) Frage des Einstiegs

Die Theateraufführung ist die natürlichste Möglichkeit Schülern einen Zugang zu einem Drama zu verschaffen: Die Lebendigkeit der Personen, die Vielschichtigkeit und Spannung der Handlung, das Dialogisch-Mithineinziehende der Sprache – all das muss, eine gute Aufführung vorausgesetzt, nicht erst mühsam erarbeitet und ›herausgeholt‹ werden, sondern ist anschaulicher Ausgangspunkt für vertiefende Untersuchungen. Will man nun nicht den Deutschunterricht auf die Theaterspielpläne der nahe gelegenen Theaterstädte abstimmen, dann wird sich freilich die Gelegenheit, das behandelte Drama im Theater sehen zu können, erheblich verringern. Für den *NATHAN* bleiben Ersatzmöglichkeiten: Viele Schulen verfügen über eine Video-Aufzeichnung der Fernsehinszenierung des *NATHAN* (Sender Freies Berlin, Sendung am 22. Januar 1979 im ARD-Programm; auch die Nürnberger Inszenierung (1988) und die Leipziger Bearbeitung (1992) sind TV-aufgezeichnet worden), fast alle Schulen besitzen die Schallplatten-Wiedergabe der Stroux-Inszenierung (2 Platten der Deutschen Grammophon-Gesellschaft, Nr. 43 029 B). Der Phono-Wiedergabe mangelt es natürlicherweise an der visuellen Plastizität, sie macht aber das Mit-Lesen durch hervorragend akzentuiertes und Inhalte verdeutlichendes Sprechen einfacher. Allerdings ist der Dramentext erheblich gekürzt, sodass diese Schallplattenwiedergabe besser *während* der Behandlung des Dramas zur Auffrischung und zugleich schon zur Interpretation zentraler Stellen (z. B. der Ringerzählung) eingesetzt werden kann. Die TV-Aufführung von 1979 leistet dagegen wirkliche Einführungshilfe: Es wird sehr langsam und deutlich gesprochen (Nachteil: die Sendezeit beträgt trotz Textkürzung mehr als zwei Zeitstunden), hervorragende schauspielerische Leistungen lassen die Personen des Stücks glaubhaft körperlich werden. Die Aufführung imitiert keinen Theaterraum, ist nicht abgefilmtes Theater, sondern nutzt die Chance des Mediums und bringt das ›Jerusalemer Kolorit‹ mit ein: Marktszenen, Gassengewirr, Innenhöfe. Gleichwohl ist die Inszenierung in keiner (schlechten) Weise modisch, sie will ganz dem Stück dienen; so mag sie für den NATHAN-Kenner etwas zu betulich sein, zur Einführung ist diese Art der Werktreue sehr geeignet. Unvermeidliche Textkürzungen haben leider auch inhaltlich Zentrales (z. B. die ›Geckerei‹-Rede des Derwischs) betroffen; insofern ist Kritik an der dramaturgischen Vorarbeit anzumelden. Bei der Interpretation des Dramas kann allerdings gerade der Vergleich der Fernsehfassung mit dem Original und die Bewertung der Kürzungen ein fruchtbarer Ausgangspunkt für Diskussionen sein.

Die Diskussion der Spontaneindrücke, die man eventuell unter dem inhaltlichen Stichwort ›Problematik der Nathan-Figur‹ bündeln kann, wird schnell zeigen, dass Handlungsbezüge, dialogische Abläufe und inhaltliche Aussagen durch einmaliges Sehen (zumal bei theaterungewohnten Schülern) noch nicht voll erfasst sind, sodass gründliches und vertiefendes Lesen des Dramas als Aufgabe auch den Schülern einsichtig wird.

Besser wäre es natürlich noch, wenn es gelänge, gleich im Anschluss an die erste ›theaterähnliche‹ Begegnung mit dem *NATHAN* in eine Diskussion über die Aktualität des Stücks zu kommen. Ist ein solches Drama nach dem Auschwitz-Geschehen noch aufführbar? Ist die Nathan-Figur für unsere Gegenwart vorstellbar? Ist das Drama nicht viel zu idyllisch um heute etwas aussagen zu können? Eine solche Diskussion, die die Fragen unseres Einleitungskapitels »Ein toter Klassiker?«) aufwirft und in die der Lehrer – gleichgewichtig mit den Schülern – *seine* Position, besser: *seinen* Fragehorizont mit einbringen sollte, müsste der Rahmen, auf jeden Fall der Zielpunkt einer *NATHAN*-Besprechung heute sein.

b) 200 Jahre Distanz

Der *NATHAN* ist wie die anderen LESSING-Dramen überraschend modern, wenn man ihn mit den Barock- oder mit anderen Aufklärungsdramen vergleicht. Doch die zweihundert Jahre seit seiner Entstehung bedeuten für junge Leute trotzdem eine erhebliche Distanz: sprachliche, emotionale, inhaltliche Fremdheit. Ob nun eine theatralische Realisation des Dramas in der Einführungsphase eingeplant ist oder ob den Schülern zugemutet werden muss als Erstes den *NATHAN* zu Hause zu lesen, die Frage stellt sich: Sollen die Schüler das Fremdheitserlebnis voll erfahren oder soll der Lehrer es durch ›einbettende Behandlung‹ mildern? Für beides gibt es Argumente, sodass die Einschätzung der – wenn man so sagen darf – literarischen Toleranz und Belastbarkeit der Schüler im Zweifel den Ausschlag geben muss.

Erfahrung der Fremdheit: Daraus können sich fruchtbare Fragen ergeben, sowohl für die immanente Interpretation, für genaueres Textverstehen als auch für das Problem der heutigen Aktualität des Stücks. Der große Vorteil: Die Schüler stehen zunächst dem literarischen Dokument allein gegenüber, sie sind frei ihre Fragen zu stellen, und sie haben die Möglichkeit eine eigene Interpretation zu entwickeln. Die gleichzeitige große Gefahr: Die Schüler können überfordert sein und sie fliehen aus der übergroßen Anstrengung in das Desinteresse und das Vor-Urteil: Das Stück ist veraltet, nicht verstehbar.

Milderung der Fremdheitserfahrung: Vorbereitender Unterricht führt zu diesem LESSING-Stück hin. Der Lehrer stellt – in einer auf den *NATHAN* zugeschnittenen Auswahl – zeitgeschichtliches und biografisches Material bereit und führt so zum *NATHAN* hin. Die Einbettung in den Fragmentenstreit macht den zeitgeschichtlichen Kontext deutlich, biografische Dokumente lassen hinter dem Namen LESSING eine Person sichtbar werden, literaturgeschichtliche Ausführungen schaffen Bezüge zu Bekanntem. Nachteil und Vorteil zugleich: Der Schüler wird geführt, der Lehrer steuert ein wenig die Begegnung mit dem Text, Fragen an den *NATHAN* werden indirekt vorgegeben, die Interpretation wird so ein wenig ›vorprogrammiert‹.

c) Gliederungsvorschlag
Der günstigste Einsatzpunkt für die Interpretationsarbeit müsste etwas Überschaubares sein, das sich in seiner Entfaltung zu allen Problembereichen des Dramas öffnet und in den Mittelpunkt der Interpretationsproblematik führt: m. E. die Nathan-Figur. Nach ersten Diskussionen über die Personenkonstellation im Drama und nach der Erkenntnis, dass jeder die Personengruppen aussagekräftig charakterisierende Konstellationsvorschlag die anderen Personen auf Nathan als die Mittelpunktsfigur bezieht, stünde die Nathan-Charakterisierung im Mittelpunkt der Behandlung. Exemplarisch könnte sein pädagogisches Vorgehen beleuchtet werden um dann seine Vielseitigkeit, seine Geschichte und sein Bedrohtsein zu analysieren. Auf Nathan bezogen könnten in Auswahl andere Personen charakterisiert werden. Als strukturierende Zusammenfassung, gegebenenfalls auch als Nötigung zu vertiefendem zweitem Lesen, könnten die Schüler in angeleiteter Selbstständigkeit die Handlungsstruktur erarbeiten. Die Ringerzählungsszene müsste hervorgehoben und sowohl im Handlungskontext des Dramas und in ihrer dialogischen Struktur als auch in ihrem philosophischen Modellgehalt behandelt werden. Eine zusammenfassende Strukturierung könnte dann durch die Erarbeitung der Zeitstrukturen des Dramas geleistet werden; dabei kämen wiederum die Aktualitätsaspekte zur Sprache und die Bezüge zwischen 1192 und 1779 könnten wieder hergestellt oder müssten jetzt neu erarbeitet werden. Abschließend könnte exemplarisch anhand der Schlussszene der Mischcharakter – Komödie und Tragödie – des *NATHAN* erarbeitet werden.

Vor möglicher (gegebenenfalls kontrastierender) Einbettung des Behandelten in den Epochenkontext müsste unbedingt eine abschließende Diskussionsrunde stehen, die die Fragen nach der Aktualität des Stücks wieder aufnimmt und sie möglichst pointiert diskutiert (z. B. in Bezug auf politische und soziale Gegenwartsprobleme, die Gefahr der individuellen Resignation angesichts übermächtiger Sachzwänge, die Handlungsunfähigkeit und Depression des Einzelnen angesichts drohender Negativität, die Gefahr der Flucht in ein geschlossenes, die Aporien leugnendes Weltbild). Sehr viel hängt hier vom Engagement des Lehrers ab und insofern kann inhaltlich nichts Konkreteres vorgeschlagen werden. An provokativen Zitaten, die – direkt oder indirekt – die Aktualität des *NATHAN* bestreiten, herrscht jedenfalls kein Mangel: Von Schiller (im **Nathan hat die frostige Natur des Stoffs das ganze Kunstwerk erkältet,** in:

Über naive und sentimentalische Dichtung) bis zum Nachwort der *Hamburger Lesehefte: Nathan* (**Dem heutigen Menschen ist eine solche Denkungsweise fremd**) reicht die Palette; eine Aussage wie die des Goethe-Forschers H. A. Korff in seinem Lessing-Aufsatz von 1929: **Und doch bedeutet Goethes (Iphigenie) Dichtung dem Nathan gegenüber menschlich sowohl wie künstlerisch eine so wesentliche Vertiefung der deutschen Humanitätsgestaltung, daß an ihrer Tiefe gemessen Lessings Humanitätsdichtung bereits ein wenig flach erscheint** ist jedenfalls gut dazu geeignet, eine Diskussion provokativ anzuregen: Stimmt es, dass **die Humanität** in der *Iphigenie* **schwer errungen** wird, während sie im *Nathan* als **glücklicher Besitz** erscheint? Wäre es so, dann allerdings wäre *Nathan* Dokument einer rührenden, aber toten Vergangenheit. Doch Korffs Aussage trifft für Lessings Drama nicht zu: Humanität verwirklicht sich im *Nathan* auf der Bühne, im Theater, also gegen die Realität der Kreuzzüge; das humane Handeln Nathans ist im Drama selbst immer wieder bedroht, hinterfragt, ja partiell nutzlos; die Humanität, die Ergebnis eines bitteren Lernens aus der Geschichte ist, wird durch diese Geschichte der Inhumanität und des Krieges grundsätzlich in Frage gestellt. Der mühsam-gefährdete Sieg der Humanität wird zum Hilfeschrei und zur Aufforderung an die Zuschauer, trotz der Übermacht realer Kreuzzugsgeschichte und Bedrohung humanes Handeln zu versuchen. Es zeigt sich: Die Frage nach der Aktualität dieses Dramas führt zugleich ins Zentrum der Interpretationsproblematik; so kann die Distanz zwischen dem *Nathan* und dem heutigen Leser überbrückt werden.

2 Unterrichtsreihen

Eine nahe liegende Möglichkeit ist es, den *Nathan* an den Beginn einer Unterrichtsreihe zu setzen, in der Schauspiele vom guten Menschen behandelt werden:

a) *Nathan*
b) *Iphigenie auf Tauris* (Blankvers-Fassung von 1786), von J. W. Goethe
c) *Der gute Mensch von Sezuan* (1943) von Bertolt Brecht
d) *Goldberg-Variationen* (1991) von George Tabori

Natürlich wird man bei einem solchen Dramenvergleich auch wertend vorgehen, doch sollte darauf geachtet werden, dass nicht oberflächliche Pauschalurteile an die Stelle des konkreten Verstehens und Wertens treten. So wäre es wohl eine Verkennung des *Nathan*, wenn man sagte, er sei optimistisch-aufklärerischer als die *Iphigenie*. Beide, das ›Schauspiel‹ von Goethe und Lessings ›Dramatisches Gedicht‹, sind verhinderte Tragödien; in beiden sind die zerstörerischen Mächte nur gebannt, aber nicht geleugnet. In beiden Dramen enthält der Schluss offene Elemente, sodass Brechts Drama mit seinem pointiert offenen Ende durchaus kein Kontrapunkt ist. Brecht zeigt das notwendige Scheitern des guten Menschen unter den gegebenen gesellschaftlichen Bedingungen; aber ob der Autor wirklich zuversichtlich ist, dass geänderte soziale Verhältnisse Humanität und Mitleid ermöglichen, bleibt fraglich. Auch im *Sezuan*-Drama stecken Elemente echter Ratlosigkeit, die sich nicht marxistisch-optimistisch auflösen lasen.

Etwas ungewöhnlicher, aber sehr reizvoll wäre eine Unterrichtsreihe zum Thema ›Der Jude als Außenseiter‹.

a) *Die Juden* von Lessing
b) *Nathan*
c) *Der Jude von Malta* von J. Ch. Marlowe (1589), in der Übersetzung von Erich Fried in ***Theater heute*** (Nr. 1, Jan. 89) abgedruckt.
d) *Der Kaufmann von Venedig* von W. Shakespeare
e) *Die Palästinenserin* von J. Sobol, in ***Theater heute*** (Nr. 9, Sept. 86) abgedruckt
f) *Goldberg-Variationen* von G. Tabori, in ***Theater heute*** (Nr. 6, Juni 1991) abgedruckt.

Im Leistungskurs könnte vielleicht sogar noch R. W. Faßbinders Stück *Die Stadt, der Müll und der Tod* hinzugefügt werden. Diese Unterrichtsreihe müsste von Schüler-Referaten leben: das Marlowe- und das Shakespeare-Drama sind in Referaten vorzustellen. Das Faßbinder-Stück ist möglicherweise durch die Darstellung der Querelen um die Frankfurter Uraufführung vorzustellen. Sobols *Palästinenserin* mit seiner Verschärfung der Problematik (die Opfer werden zu Tätern, Identifizierung mit den Opfern kann nicht gelingen) kann für die Schüler greifbarer werden, wenn sie (neben einem Referat über dieses Theaterstück) die erste Szene dieses Stücks szenisch lesen und dann das verwirrende Personenverzeichnis studieren (vgl. Mat. 8).

3 Unterrichtssequenz

Verwendete Abkürzungen:

GA = Gruppenarbeit
GK = Grundkurs
HA = Hausaufgabe
KA = Klausuraufgabe
KRef = Kurzreferat
LK = Leistungskurs
LV = Lehrervortrag
PRO = Produktionsorientierte Themen- oder Aufgabenstellung
Ref = Referat
SV = Schülervortrag
TA = Tafelanschrieb
UG = Unterrichtsgespräch

Stunden	Thema	Didaktische Aspekte (Inhalte/Ziele)	Methodische Realisierung/ Verlauf
1.	Zur Ausgangssituation des *NATHAN*-Dramas	Erste ›Konfrontation‹ mit dem Text: Befremdliches, das Fragen weckt	1. Lesen von Szene I 1 (bis Z. 62) 2. Charakterisierung der Personen durch ihre Sprache, ihr Auftreten, ihren Umgang miteinander 3. Ort der Handlung 4. Das siebenfache **verbrannt** 5. Spannungsmomente PRO (nach eigener Lektüre Z. 1–62): Entwurf eines Bühnenbildes – Wie sollte Nathan aussehen und auftreten?
2./3.	Lessing – Person und Werk	Epochen-Prägendes und Spieler-Existenz	1. Vorgabe einiger biografischer Daten 2. Erläuterungen zu einigen biografie-bezogenen Bildern 3. Einführung in die Biografie mit unterschiedlicher Perspektive 4. Zur Entstehung des *NATHAN* (äußere Bedingungen)

Hausaufgabe

zu:
1. Lesen durch den Lehrer (oder durch zwei darauf vorbereitete Schüler): Nur dann kann die ›prekäre‹ Beziehung zwischen Daja und Nathan (N. erscheint zugleich als schroff-herrisch und freundlich-freigebig) und der Umschwung in Nathan von gelassenem Über-den-Dingen-Stehen zu nackter Angst sprachlich realisiert werden.
2. Wie erscheint Nathan? Wie wäre er als Bühnenfigur zu denken (der erfolgreiche Kaufmann/jemand, der an äußerlichem Besitz wenig hängt/ein von Angst Gepeinigter, der sich das Schlimmste ausmalt (Z. 23 f.)/schroff gegen Daja, äußerst empfindlich und verletzt (Z. 57))?
3. Jerusalem (›Zion‹ mit der Davidsstadt, ›himmlisches Zion‹ als Ort endgültigen Friedens (Johannes-Apokalypse Kap. 21), Ort der Sehnsucht (**und nächstes Jahr in Jerusalem** als Wunsch am Ende der Pessach-Feiern), Ort auch der Kreuzzüge und heute der Kämpfe zwischen Juden und Palästinensern) – Gegenbild Babylon (Z. 5): Ort der Gewalt (1. Mose 11) und der Verbannung (Psalm 137) – Konkreter Spielort: städtisch-reich und von Brandspuren gezeichnet.
4. **verbrannt:** siebenmal im Text: Wo wird es Nathan ›ernst‹? Was ist damit von Anfang an im Drama präsent?
– Nathans tief sitzende Angst
– Der Rauch des Kriegs, die allgemeine Zerstörung, Kreuzzug-Zeit
– Für den heutigen Leser: Holocaust-Assoziationen (z. B. Celans »Todesfuge«: **dann steigt ihr als Rauch in die Luft**).
5. Wie kommen Nathan und Daja zusammen? Wie wird sich ihr Konflikt entfalten?
Wer ist Recha? Was steckt hinter Dajas Fragen (Z. 29)?
Wie entwickelt sich das ›Judenthema‹? (Z. 56)?

Referate zu *Die Juden* (RUB Nr. 7679), zum Kreuzzug-Geschehen und zum Holocaust (bzw. zur Judenverfolgung in der eigenen Region in der NS-Zeit) terminlich festlegen. Gesamtlektüre innerhalb von ca. 10 Tagen abschließen.
Szenen I 1 + 2 zur nächsten Stunde genau lesen.

1. Knappe Einführung, z. B. durch Schüler-Referat aus einem Literatur-Lexikon.
2. Bilder (Dias zur Lessing-Biografie bei kommunalen oder staatlichen Bildstellen; oder Fotokopien von Schwarzweißabbildungen, z. B. aus der rororo-Bildmonografie Lessing), durch den Lehrer kommentiert (Vorwissen durch dieses Interpretationsbändchen oder ausführlicher durch die Hildebrandt-Biografie oder die Drews-Bildmonografie);
– z. B. Lessing-Bild von 1767 (Lessings eigener Kommentar: **Seh ich denn so verdammt freundlich aus?!**)
– Geburtshaus in Kamenz: Pfarrhaus in der Niederlausitz, Bildungsweg, Beziehung zur Familie
– Wohnhaus in den letzten Lebensjahren: Lessing in Wolfenbüttel, das Ende des Traums vom freien Schriftsteller-Dasein, Entstehung des *Nathan*

Stunden	Thema	Didaktische Aspekte (Inhalte/Ziele)	Methodische Realisierung/ Verlauf
2./3.			
4. LK	Lessings *Die Juden* von 1749	Ein Lustspiel zum Weinen als Vorläufer des *Nathan*	1. Schüler-Referat: Inhalt, Handlungsebenen, Problemgehalt und Appellcharakter des frühen Lessing-Einakters *Die Juden* 2. Ergänzung durch den Lehrer, Vergleichsmomente zum *Nathan*

– Eva König: Geschichte ihrer Beziehung, die kurze Ehe, Tod des Sohns und der Frau im Kindbett, Lessings Zuwendung zur Stieftochter Amalie König
– Moses Mendelssohn: Lessings Beziehung zu jüdischen Freunden
3. Als Einzel- oder Partnerarbeit:
Auswertung des Einleitungstextes aus D. Hildebrandts Biografie *Kamera I – Kamera II* (s. Mat. 1) nach:
– Lebensorte Lessings: …
– Zeitgenössische Personen/Freunde: …
– Veröffentlichungen/Dramen Lessings: …
Dabei begleitend im Lehrer-Vortrag Erläuterungen zu:
– Lessings Stellung zu Friedrich II.
– dem Siebenjährigem Krieg
– Lessings Flucht aus Berlin ›in den Krieg‹
– Lessings Nationaltheater-Projekt in Hamburg
– Lessings Wolfenbütteler Existenz, seinen letzten Lebensjahren, seinem Sterben
– Lessings wichtigeren Veröffentlichungen
4. am Ende in 3. integriert (vgl. Kap. 2)

1. RUB Nr. 7679 *(Die Juden)*, eventuell auch Kap. 2.1 aus diesem Bändchen als Material für den Schüler. Hinweis auch auf *Kindlers Literatur-Lexikon.*
2. a) Spielarten des Antisemitismus:
– Beschimpfung der Juden um vom eigenen Verbrechen abzulenken (Michel Stich/Martin Krumm)
– Bildung eines allgemeinen Vorurteils gegen die Juden aufgrund eines Einzelfalls und Unfähigkeit das gewonnene Vorurteil trotz entgegengesetzter Einzelerfahrung zu revidieren (der Baron)
b) Der ›offene Schluss‹:
– Der Reisende: **Ich bin ein Jude.** Der Baron: **Ein Jude? grausamer Zufall!** […] Baron: **So gibt es denn Fälle, wo uns der Himmel selbst verhindert, dankbar zu sein?** (meint: dem Juden kann er seine Tochter nicht geben)
– Lisette: **Ein Jude?**
Das Fräulein, Tochter des Barons: **Ei, was tut das?** (meint: sie will den Reisenden auch unter diesen Umständen, aber wird sie sich durchsetzen?)
c) Die Diener-Ebene: der Vorschein humanen Verhaltens
– das Derb-Direkte der Dialoge
– Zuneigung und praktisches Sich-Helfen als ausschlaggebende Momente, die das Vorurteil entmachten:
Lisette: **Und wann's dazu kommt, ist Er wohl gar auch ein Jude, so sehr Er sich verstellt?**
Christoph, Diener des Reisenden: **Das ist zu neugierig für eine Jungfer gefragt! Komm' sie nur!**
(Er nimmt sie untern Arm, und sie gehen ab)

Stunden	Thema	Didaktische Aspekte (Inhalte/Ziele)	Methodische Realisierung/ Verlauf
4.			
5./6.	Nathan der Pädagoge und die Grenzen seiner Pädagogik	Detailanalyse und exemplarische Textarbeit zu Szene I 2: Elemente zu einer Nathan-Charakteristik	Aufbauend auf vorbereiteter oder gemeinsamer Lektüre von Szene I 2: 1. Abschnittsgliederung in dieser Szene 2. Exemplarisch-detaillierte Textarbeit a) Z. 169–177: Rechas Angst noch in der Umarmung b) Z. 128–139: Nathans Vorüberlegung, noch in I 1 c) Z. 293 ff.: Art von Nathans pädagogischem Vorgehen 3. Dajas Unveränderbarkeit 4. Auswirkungen auf Recha

Hausaufgabe

d) *Die Juden:* ein verwirrendes Spiel, hervorgerufen durch Vorurteil und Assimilations- und Anpassungsversuch des diskriminierten Juden (**Könnte ich doch dieser Verwirrung überhoben sein!,** sagt der Reisende im 6. Auftritt); nach Christophs Charakteristik ein Einakter wie aus der Bibliothek des Reisenden (**Sie besteht aus Lustspielen, die zum Weinen, und aus Trauerspielen, die zum Lachen bewegen**), nach Lisettes Auskunft (die auf dem Büchersack Platz genommen hat) sitzt man auf solchen Stücken **verzweifelt hart.** Ein ähnliches Zwischending (›Dramatisches Gedicht‹) ist das *Nathan*-Drama und auch bei ihm sitzt der Zuschauer nicht bequem.
e) Weitere Vergleichspunkte zum *Nathan:*
– es scheint (!) im *Nathan* zu einer Versöhnung am Schluss zu kommen (aber: steht nicht der Jude wieder ›außerhalb‹?),
– die Assimilationsproblematik spielt im *Nathan* keine Rolle: Nathan will Jude sein und ist als solcher das ganze Stück hindurch kenntlich,
– Anachronismus und Verschärfung des Konflikts: Zeit der Religionskriege,
– Thematisierung der religiösen Problematik,
– die ›Ungebildeten‹ als Vertreter humaneren Verhaltens (der Bettelmönch und der analphabetische Einsiedler als Nathans Freunde; Gegenfigur: Daja)

1. In Partnerarbeit ermitteln:
a) Wiedersehen von Recha und Nathan, Rechas nachklingende Angst
b) Geschichte der Rettung, Engelsthema
c) Vorgeschichte der Rettung: die Begnadigung des Tempelherrn
d) Wunderglaube – nützlich? schädlich? neutral?
e) Nathans pädagogische ›Kur‹: Furcht und Mitleid als Stimuli
2. zu a:
Verwendung des Blankverses (von Lessing in die deutsche Literatur eingeführt, von Goethe in seiner *Iphigenie* wieder verwendet); dabei die Expressivität des Satzbaus (hier: Fragesätze, in denen Rechas Angst nachhallt und ihr ›schwebender‹ Zustand sich offenbart; Ausrufesätze, die knapper werden, wie Hilfeschreie) in Spannung zum Gleichmaß der Verse: Aufbau einer expressiven Spannung. Auch die Dialogführung zersprengt die Verse (z. B. V. 178): Nathan drängt sich in Rechas Sprechen ein, will körperliche Nähe gegen ihr ›entrücktes‹ Sprechen einsetzen.
Auffällige Motive: in der Nähe zum Vater fürchtet Recha die Trennung (in Korrespondenz zu Nathans übersteigerter Angst um die Tochter in I 1) / in der Umarmung (die in V. 174 als Geste zu denken ist) bleibt die Angst (Vorausverweis auf die ›allseitigen Umarmungen‹ der Schlussszene).

Schriftlich skizzieren, wie sich das Verhältnis zwischen Nathan und seiner Tochter Recha entwickelt.

Stunden	Thema	Didaktische Aspekte (Inhalte/Ziele)	Methodische Realisierung/ Verlauf
5./6.			
7.	Nathan – Charakteristik	Die Widersprüchlichkeit der Hauptfigur und die verschiedenen Möglichkeiten der theatralisch-schauspielerischen Realisation	1. Rückgriff auf I 1 + 2 2. Charakteristika Nathans: wie ihn andere sehen 3. Andeutung (und Ausgestaltung) von Gegenmomenten 4. Nathan – ein verfolgter Außenseiter 5. Unterschiedliche ›Besetzung‹ der Nathan-Figur

zu b:
Charakter des Selbstgesprächs:
– das Sich-Hineinfühlen Nathans
– der Jude Nathan erspürt, wie Recha (das Kind des Juden) die Zurückweisung durch den (christlichen) Tempelherrn empfinden wird: Reagiert sie mit **Menschenhaß,** mit **Schwermut,** mit weltabkehrender **Schwärmerei?** Er kennt solche Reaktionen (vgl. V. 56).
zu c:
vgl. dazu Kap. 3.2 in diesem Bändchen
3. Verweis auf III 1 (1567–1577) und auf V 6 (3585 ff.); Nathans Unfähigkeit Daja zu ändern; seine Versuche sie zu ›neutralisieren‹ (durch ›Bestechung‹, grobe Kritik und Redeverbote, durch Freundlichkeit und gutes Beispiel)
4. Als Arbeitsauftrag (oder HA):
Rechas ›Entwicklung‹ (in Bezug auf den Tempelherrn) nachzeichnen (in Stichworten). Dabei Bezug nehmen auf:
V. 128–139
Szene I 2
Szene III 2 + 3
Szene V 8

---

1. Nathan, auftretend als reicher Kaufmann / besorgter Vater / geschickter Pädagoge / Jude / Witwer / freigebig, aber auch grob
2. Nathan gilt als: weise / klug / freigebig, doch nicht leichtsinnig / tolerant, vorurteilsfrei /gütig-streng / überlegen / ein Freund des Schachspiels
3. Schon in I 1: vor Angst zitternd (nicht ›weise‹, überlegen), V. 23/24: empfindlich als geschmähter Jude, V. 56: um die Tochter unmäßig besorgt.
Nathan ist beinah beflissen-überkorrekt, erwiesene Wohltaten will er sofort (finanziell) ausgleichen: Sind das Zeichen verborgener Aggressivität oder/und Minderwertigkeitsgefühle? (vgl. V. 42 ff. gegenüber Daja, V. 1218 ff. gegenüber dem Tempelherrn, V. 2063 ff. gegenüber Saladin, V. 2924 gegenüber dem Klosterbruder).
4. Nathan,
– der verfolgte Jude (im Hintergrund immer der Patriarch mit seinem **Macht nichts, der Jude wird verbrannt,** IV 2; auch Sittah mit ihrem Wissen **Was braucht es mit den Schwachen für Gewalt, / Als ihre Schwäche?** (1140 f.))
– bewusst bei seinem verfolgten, erniedrigten Volk bleibend (1307 ff.)
– der von seinen Freunden Verlassene, der am Ende allein bleibt
– der um sein Leben Redende (III 6)
– der Überlebende des Pogroms (IV 7),
(dies jeweils im ersten spontanen Zugriff)

Szenen, Monologpassagen den vier ›Typen‹ von Nathan-Darstellern zuordnen (und dadurch das in der Nathan-Figur steckende Widersprüchliche bewusst machen); s. Mat. 10a–d.

Stunden	Thema	Didaktische Aspekte (Inhalte/Ziele)	Methodische Realisierung/ Verlauf
8./9.	Die ›Ringparabel‹	Zur Philosophie und zur dialogisch-dramatischen Funktion dieser Parabel	1. Vorgeschichte der Sultan-Nathan-Begegnung im 3. Aufzug 2. Begegnung Saladin–Nathan: In welchen Etappen verläuft sie? 3. Zur philosophischen Aussage von Nathans ›Geschichtchen‹ 4. Ringparabel-Szene und Gesamtdrama

Hausaufgabe

1. Auf das hinter der Begegnung stehende Geldmotiv aufmerksam werden: Rückverweis auf I 3 (Al Hafi) und II 1 (speziell V. 905 ff.), die Figur der Sittah in Augenschein nehmen (ihr Verhältnis zum älteren Bruder; wie sie Al Hafi in die Enge treibt (1030 ff.); wie sie den Plan gegen Nathan ausheckt (II 3); ihre Herzlichkeit gegen den Bruder und ihre raubtierhafte Gefährlichkeit für sozial niedriger stehende Dritte, die sie vor allem nach ihrer Nutzbarkeit einschätzt.)
2. Vgl. Skizze zum Dialogverlauf in diesem Buch in Kap. 3.6, als TA geeignet.
Exemplarische Analyse von III 6: Gedanken- und Bilderfolge, Nathans Abwägen und Erkennen der Gefahr, seine Strategie (Nathan, vom Geldmangel des Sultans ausgehend, beruhigt sich nicht, als Saladin das Geldthema beiseite wischt; dass Saladin ›Wahrheit‹ will, setzt ihn in höchste Anspannung und Aufregung (1867): jetzt ist Loskauf nicht mehr möglich, jetzt geht's ums Leben, um die eigene Existenz (1884 ff.), als Jude ist Nathan der Erpressung des Mächtigen ausgeliefert; Saladin fordert Wahrheit wie eine Ware (1869 f.), Nathan erkennt das geleugnete als das wahre Motiv: Geld (1867 f.) und merkt damit, dass er in der Falle sitzt: Er hat um sein Leben zu reden und will das mit einem Märchen tun (1888 f.); das Märchen soll zur Rettung werden (1889), indem es den Sultan ›abspeist‹; zu diesem ›Abspeisen‹ gehört, dass Nathan sein ›Geschichtchen‹ so ernst nimmt, dass er **die ganze Welt** zum Zuhören einlädt (1884 f.).
3. Als Arbeitsauftrag (für Partnerarbeit): die drei Denkmöglichkeiten der Ringparabel feststellen und fragen, welche Praxis-Konsequenz sich jeweils ergibt:
a) die negative (vom Sultan nicht implizierte) Denkmöglichkeit: Kampf aller gegen alle, fortdauernde Religionskriege;
b) die ›positive‹ Denkmöglichkeit:
1. eine Religion ist die wahre;
2. alle Religionen sind wahr, aber: Weil die Geschichte nicht abgeschlossen ist, kann menschliche Vernunft nicht über den Religionsstreit bzw. über Gottes geheime Absichten zu Gericht sitzen;
c) die Konsequenz in allen Fällen: agonale (z. B. wetteifernde) Toleranz (2040 ff.), die die Negativ-Möglichkeit etwas weniger wahrscheinlich macht.
4. Welchen ›Horizont‹ gibt Nathan seiner Erzählung (**die ganze Welt** als Zuhörerschaft / von **vor grauen Jahren in Osten** (Uranfang der Zeit, Gott als Schöpfungsgärtner in Mesopotamien, so in 1. Mose 2) bis zum Eschaton in **tausend tausend Jahren**)? Wie reagiert Saladin und wie bildet sich in seiner Reaktion die von Nathan/Lessing gewünschte Zuschauerreaktion ab? (Vgl. Kap. 3.6).

Genaue Lektüre von I 3, II 2, II 9 und Frage nach der Art der Freundschaft zwischen dem Derwisch und Nathan.
HA oder KA: Vergleich zur Boccaccio-Vorlage: Funktion von Lessings Veränderungen.

Stunden	Thema	Didaktische Aspekte (Inhalte/Ziele)	Methodische Realisierung/ Verlauf
8./9.			
10.	Der Derwisch als Freund und Gegenspieler Nathans (eventuell als KA-Thema aussparen!)	Der Dualismus Mensch/Rolle, Integrität/Politik, das Auseinanderklaffen von privater und öffentlicher Existenz und die ursprüngliche Negativität des Gesamtdramas	1. Charakteristik des Derwisch 2. Alf Hafis Einschätzung des Sultan Saladin 3. Gründe für Al Hafis Flucht 4. Die Infragestellung der durch Nathan verkörperten ›Lösung‹ 5. Lessing und der Weg des Derwisch

	Hausaufgabe
Szene III 5–7 als Peripetie: Dem weisen Juden ist die Falle gestellt; seine Sache ist verloren, wenn er in dieser bedrohlichen Situation nicht den Sultan zum Freund gewinnt; in gewisser Weise redet Nathan um sein Leben. Es gelingt, so wie die Versöhnung der Religionen inmitten der Kreuzzugsmassaker gelingt (das *Nathan*-Drama als Ganzes hat Züge eines ›Märchens‹); so wie das Unwahrscheinliche (der Frieden, die Menschlichkeit) in der von Blut und Tränen gekennzeichneten Geschichte sich verwirklichen möge (Appellcharakter des Gesamtdramas), so möge sich der Leser/Zuschauer bewegen und verändern lassen wie der Sultan.	
1. I 3, II 2, II 9 sind zugrunde zu legen; Derwisch erscheint als emotional, schnell entschieden, empfindlich, aber auch als selbstkritisch (1477 ff.); ein Bettler, ein Spieler, plötzlich in ›hoher Position‹ und doch mit klarem, kritischem Blick; Frage: Entschärft Lessing die Systemkritik Al Hafis durch die Komik der Figur? 2. V. 480 ff.: Al Hafi deckt den Widerspruch von struktureller Ungerechtigkeit der Herrschaft und subjektiv gutem Willen des Herrschers auf. 3. – II 2: Sittah (die Realistin der Macht) zwingt Al Hafi zur Lüge und wird ihn zum Verrat an seinem Freund zwingen. – I 3 Ende: Al Hafis Zynismus und sein Fluchtimpuls (den Nathan erspürt hat). – II 9 Ende: Al Hafis Flucht aus der Rolle um menschlich bleiben zu können, – endgültige Trennung (wiederholtes **lebt wohl**) der Freunde schon im II. Aufzug! 4. – Nathans Einschätzung (425 ff.): Der Mächtige wird den zwar reichen, aber machtlosen Juden ausplündern. – Al Hafis Wissen (1444 ff.): Nathan wird **ausgehöhlt [werden] bis auf die Zehen.** – Al Hafis Gesamteinschätzung (483): Der menschenfreundliche Sultan ist und bleibt ein Tyrann. Mit alldem ist das, was Nathan in III 7 erreicht (die Freundschaft des Sultans) in seiner Bedeutsamkeit prinzipiell in Frage gestellt. Ob Nathans Klugheit (2082 f.: Er habe noch gegenüber dem Tempelherrn Verbindlichkeiten, deshalb könne er dem Sultan nicht alles geben) gegen Sittahs realistisch-machtbewusste Finanzpolitik standhält und ob sich die Finanzen Saladins immer so wundersam wie in IV 3 und V 1 + 2 vermehren, steht dahin. 5. Setze in Beziehung zum Drama (arbeitsteilige Stillarbeit): – Lessings Brief an den Bruder Karl vom April 1779 (s. Mat. 2) – Lessings Brief an Mendelssohn wegen der Exilierung Davesons (s. Mat. 3) – die Seelenwanderungslehre in den Schlussparagraphen der ›Erziehungs-Schrift‹ (s. Mat. 4).	HA/KA: – Der Klosterbruder als Parallelfigur zum Derwisch (sein Leiden am Widerspruch zwischen Person und Rolle, seine Fluchtwünsche, seine Beziehung zum Juden Nathan, der endgültige Abschied: vgl. I 5, speziell 712 ff.; IV 1, speziell 2379 ff.; IV 7, speziell 2939 ff.; V 4, speziell 3312–3323). – Spiegelung der Derwisch-Konflikte im Bruder Bonafides

Stunden	Thema	Didaktische Aspekte (Inhalte/Ziele)	Methodische Realisierung/ Verlauf
11.	Personenkonstellation	Überblick über das Gesamtdrama / Erinnerung an die ›Vorgeschichten‹	In GA wird versucht – entweder die Verwandtschaftsbeziehungen (mit Einschluss früherer Freundschaftsbeziehungen) – oder die Personenkonstellation unter der Fragestellung, wie sich die Personen auf Nathan beziehen, darzustellen.

Lösungsvorschläge, z. B.

VERWANDTSCHAFTS- (UND FREUNDSCHAFTS-)BEZIEHUNGEN:

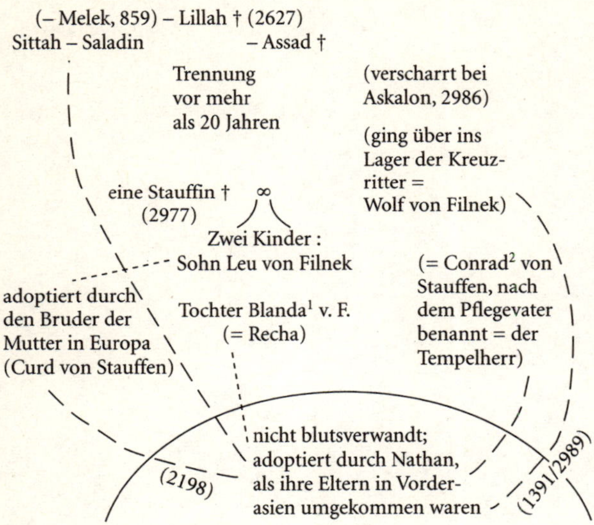

Nachtrag (Lehrerinformation) zur Namenssymbolik:

1) BLANDA, lat. blanda = zärtlich, schmeichelnd; mlat. Blanda = Gabe, Geschenk;
RECHA, Ortsname in 1. Chronik 4, 12, abgeleitet von hebr. rakka (Fem. von rak) = zart, sanft

2) CONRAD, verkürzt zu CURD VON STAUFFEN; türk. kurt = Wolf (eventuell mit Anklang an den Volksnamen ›Kurda‹; Saladin war kurdischer Herkunft)

Eventuell den Vorschlag zur Personenkonstellation als ›Personengerüst‹ (Nathan – Al Hafi – Klosterbruder als eine Gruppe; Recha, Saladin und Daja, Tempelherr als zweite Gruppe; Sittah, Patriarch als dritte Gruppierung) vorgeben. Aufgabe: Was können die Kriterien *dieser* Zusammenordnung der Dramenpersonen sein?

PRO: Jan Philipp Reemtsma nennt Daja eine **Blockwartsnatur;** Daja wehrt sich in einer Verteidigungsschrift dagegen.

Stunden	Thema	Didaktische Aspekte (Inhalte/Ziele)	Methodische Realisierung/ Verlauf
11.			
12.	Szene IV 7	Nathan – der Überlebende des Pogroms: der ›realistische‹ Hintergrund der märchenhaften Figur	1. Funktion dieser Szene 2. Zur Sprache des verfolgten Juden 3. Die Leitmotivik des ›Verbrennen‹ im *Nathan* 4. Vater-Tochter-Beziehung 5. Zum Entstehungshintergrund des *Nathan:* Lessings Klagebriefe und Nathans Offenbarung

	Hausaufgabe

PERSONENKONSTELLATION:

Personen, die tolerant-menschliches Handeln zu verwirklichen suchen	Personen, die ›erzogen‹ werden	Kontrahenten
	›Nathan-Nähe/-Ferne‹	
NATHAN (eine realistische Figur?) Derwisch AL HAFI (sieht sich zur Flucht genötigt) Klosterbruder BONA FIDES (wird fliehen) am Ende des Dramas: Nathan, von den Freunden verlassen, allein	RECHA (von Nathan erzogen, zugleich sich emanzipierend und sich freiwillig zu Nathan stellend) DAJA (entzieht sich aller Belehrung ohne dumm zu sein: **gute böse** Frau (3574); schwärmerisches Christentum als ein Stück Heimat pflegend) TEMPELHERR (wenig Konsistenz des Charakters, immer wieder ›im Sturm der Leidenschaft, im Wirbel der Unentschlossenheit‹; in vielem Gegenfigur zu Nathan: Besitzansprüche auf Recha, knapp an der Armutsgrenze in fremdem Land lebend)	PATRIARCH
	SALADIN (ökonomisch anarchisch / gutmütig-launenhaft / **ein Ding von mehrern Seiten,** IV 4)	SITTAH (politisch intelligente Drahtzieherin)

(Stundenverlauf kann nicht vorprogrammiert werden, Lehrer muss spontan auf die Schülervorschläge reagieren.)

1. Warum deckt Lessing diese Biografie Nathans erst so spät auf? Inwiefern macht diese Szene Nathan zu einem Repräsentanten des Judentums? (Geschichte der Pogrome/die Hiobsgestalt)
2. Exemplarische Textarbeit zu V. 2917–2945:
– 2919: das ›Aufs-Wort-Lauern‹, jedes Wort wird auf verborgenen Sinn und Bedrohliches ›abgeklopft‹
– 2923/2930 f.: durch Geld versucht Nathan sich Leute ›vom Hals zu schaffen‹, er scheint sich tendenziell immer für angeklagt zu halten.
– 2944 f.: beinah schon grobe Ungeduld, Zeichen der Angst?
3. – 3045: Das klang schon auf in der übermäßigen Angst der ersten Szene (V. 22–26); es klang in Rechas Worten nach (175–185);

Genaue Lektüre von IV 1 + 2 und Frage nach der Funktion dieser Szenen im Handlungsverlauf (vgl. IV 7 + 8).

Stunden	Thema	Didaktische Aspekte (Inhalte/Ziele)	Methodische Realisierung/ Verlauf
12.			
13./14.	Der präsente Realhintergrund	Der Patriarch als Theaterfigur und Realgestalt	1. Die Patriarchen-Gestalt im *Nathan*-Drama 2. Der historische Patriarch Heraklius: Übereinstimmungen und Widersprüche zur Dramenfigur 3. Goeze und die Funktion der Goeze-Zitate im Patriarchen-Mund 4. Der Patriarch als Komödien-Figur und als reale Bedrohung: Verkopplung von Komödien- und Tragödienelementen zum ›Dramatischen Gedicht‹

im Refrain des Patriarchen wird die Gegenwart der Scheiterhaufen und Pogrome bewusst (IV 2): der Holocaust als Hintergrund dieses Dramas.
4. Wo äußert sich Nathans (übergroße?) Angst um seine Tochter? (z. B. I 1; III 9)
Wer macht sie ihm streitig?
– Tempelherr (1325 f.): **unsre Recha**
– Sittah/Saladin: Nathan sei der **unrechtmäßige Besitzer** (2844 ff.); Saladins ironisch-aggressive Frage: **Ich sie dir wohl lassen?** (3837).
5. Vergleichende Auswertung der Nathan-Aussagen und der Lessing-Briefe (vgl. Kap. 2.5, dort auch die Lessing-Briefe)
Vorschlag zur Auswertung:

Lessings Zynismus (**er war so klug**)	↔	Nathans Hass auf die Christen
Lessings Bitterkeit (**Unrath der Welt**)	↔	**mit Gott gerechtet, gezürnt, getobt**
Lessings tiefes Verletztsein (**ich wollte es auch einmal so gut haben, aber** [...])	↔	Nathans **mich und die Welt verwünscht**
Lessings weiteres Engagement für die Aufklärung, seine Arbeit am *Nathan*	↔	Nathans **Doch** (3052, 3053, 3066), das Wiederkommen der Vernunft
Lessings Nähe zu seinen Stiefkindern, insbesondere zu Amalie König	↔	Adoption Rechas

Welche Elemente im Drama ermöglichen den versöhnlichen Schluss? Welche treiben auf eine Katastrophe zu? (als Materialsammlung erstellen)

1. In seiner karikaturistischen Überspitzung glaubhaft? Oder überzeichnet-unglaubhaft? Verzerrend-bösartige Darstellung einer kirchlichen Autorität oder ›Entstellung zur Kenntlichkeit‹? (Vgl. Kap. 3.4.1 in diesem Band.)
2. Vgl. Kap. 3.4.1 in diesem Band. KRef. zum 3. Kreuzzug.
3. Aus den Goeze-Zitaten (s. Mat. 5) Grundzüge seiner Theologie herausfiltern: Vernunft in harmonisch-untergeordneter Beziehung zur Offenbarung / Religion als Stütze der staatlichen Ordnung / antidemokratisch / an die Zensurbehörden appellierend.
Die Goeze-zitierenden Textstellen finden:
V. 2476 ff./2522 ff./2574 f./2580 ff. (Arbeitsauftrag)
Nathan als 12. Anti-Goeze: Verfremdung der aktuellen Auseinandersetzung durch die Verlagerung in die Kreuzzugszeit; der Hauptpastor wird als potenzieller Patriarch gezeigt und dem Patriarchen wird zugleich seine reale Wirkungsmöglichkeit beschnitten.
Heine: [...] **und in den Lessingschen Werken erhalten sie** [sc. Lessings Gegner] **sich nun für ewige Zeiten wie Insekten, die sich in einem Stück Bernstein verfangen. Indem er seine Gegner tötete, machte er sie zugleich unsterblich.**

Stunden	Thema	Didaktische Aspekte (Inhalte/Ziele)	Methodische Realisierung/ Verlauf
15.	Schlussszene: Familienzusammenführung	*Nathan* – ein Drama vollendeter Humanität oder ursprünglicher Negativität?	1. Rück-Blick auf den Text: Wo steht am Ende Nathan? Trotz ›allseitiger Umarmungen‹: Was bleibt disharmonisch? 2. Vergleich zweier Interpretationen der Schlussszene

Hinweis auf das lateinische Motto des *Nathan:* Introite [...] Gellium. Lessing behauptet gegen Goeze den Ernst des Theaters.
4. Das Verbrennen-Motiv in den Worten (und Taten) des Patriarchen, und doch bleibt diese Person durch ihre Übersteigerung zur Wirkungslosigkeit verurteilt (vgl. V. 2804). Insgesamt ist die dramatische Handlung **in ein tragisches Umfeld eingebettet [...] Lessing wollte es offenbar nicht vermeiden, daß es wiederholt in seinem Stück wetterleuchtet** (Koebner, S. 146).

1. Das szenische Geschehen am Dramenende (die letzten 20 Verse etwa) pantomimisch darzustellen versuchen; oder den Ablauf dieser Szene in einer Art Bühnenbild- und Auftrittsskizze grafisch vorplanen. Beobachtungen zum Text:
– Recha und Nathan, obwohl nicht verwandt, finden zueinander (Recha: **das Blut allein macht nicht den Vater** (3653), **mein Vater!** (3704); Nathan: **dein Vater ist/Dir unverloren!** (3707)); sie bleiben aber – seit der Sultan das Brevier hat – stumm.
– der Tempelherr gehört in den Familienzusammenhang; in Recha nur die Schwester zu finden enttäuscht ihn (3794), er hatte auf **Besitz** gehofft (3711).
– Saladin führt (ironisch-aggressiv) Recha von Nathan weg (3725).
– Es bildet sich die Verwandtengruppe Sittah, Saladin, Tempelherr, Recha. Nathan ist mit allen (auch den verstorbenen Verwandten) befreundet, und doch steht er außerhalb der Verwandtschaft: der Jude Nathan als Außenseiter (Gegenmoment: 3812 f.)
– Nathans enge Freunde sind für immer verschwunden, um sich zu retten: Derwisch und Klosterbruder.
– ›Allseitige Umarmungen‹: Zu assoziieren ist der kommende Krieg, die Scheiterhaufen-Fantasien des Patriarchen, die vergegenwärtigten Brände; wie in der Umarmung am Beginn von I 2 zittert Angst mit.
– **Nicht von ungefähr deutet der letzte Satz des Stücks diese weitgehend ausgesparte und ausgeblendete Realität an, wenn Saladin zum Tempelherrn, seinem wiedergefundenen Neffen, dem Abbild seines Bruders Assad, sagt (wenn auch ironisch vorwurfsvoll):**
Er konnte mich beinahe ›zu seinem Mörder machen wollen‹! Der normale Gang der Dinge wird so in Erinnerung gerufen: da findet keine Rettung in letzter Minute statt, da entdeckt der Henker nicht auf dem Gesicht des Opfers die Ähnlichkeit mit seinesgleichen; da kommt nicht rechtzeitig ein just begnadigter Tempelherr vorbei, um ein Mädchen aus den Flammen zu retten; da heißt der Sultan nicht Saladin und der Jude nicht Nathan.
(Koebner (1987), S. 146)

(wiederholend): Welche Vorvergangenheiten sind nun erkennbar geworden?
Zur Lösung der Hausaufgabe:
a) Assad, jüngerer Bruder des Sultans Saladin, wechselt vor **vielen zwanzig Jahren** (251) ins christliche Lager und heiratet (als Wolf von Filnek) eine Christin; Kinder: Sohn Leu von Filnek und Tochter Blanda von Filnek. Wolf kehrt mit seiner Frau ins Heilige Land zurück und liegt bei Askalon verscharrt. Er war in Palästina mit Nathan befreundet und hat ihn vor Übergriffen (offenbar von Christen) bewahrt (2989).
b) Leu von Filnek war in Deutschland geblieben und vom Onkel mütterlicherseits erzogen worden; nach ihm nannte er sich

Stunden	Thema	Didaktische Aspekte (Inhalte/Ziele)	Methodische Realisierung/ Verlauf
15.			
16./17. LK	s. 15. Std.	s. 15. Std.	zunächst wie im GK-Verlauf 3. Vergleich mit dem Schluss des *Iphigenie*-Dramas (Goethe) 4. Lessings Dramatik des offenen Schlusses

2. Am anschaulichsten wäre natürlich der (Video-)Vergleich zweier Aufführungen: z. B. der TV-Inszenierung von O. Doepke (1979) im Vergleich zur Heyme-Inszenierung in Stuttgart oder zur Peymann-Inszenierung in Bochum oder zur Schmidt-Inszenierung in Nürnberg. Ansonsten Vergleich der Schlussszene mit einer Rezension bzw. mit Notaten zur Inszenierung (s. Mat. 6).

auch Conrad bzw. Curd von Stauffen. Blanda, verwaist, kommt über einen christlichen Reitknecht zu Nathan, dem Freund des Vaters. Der Reitknecht wird christlicher Einsiedler und kommt – aus seiner Einsiedelei verjagt – als Bruder Bonafides (**gutgläubig**) in die Dienste des Patriarchen.
c) Pogrom in Gath (vor 18 Jahren)
d) Saladin begnadigt einen Tempelherrn und dieser rettet Nathans Tochter. Nach dieser Tat geht der junge Deutsche für sechs Wochen als Fremdenführer auf den Sinai.

Je nachdem, ob *Iphigenie* und die anderen Lessing-Dramen im Unterricht schon behandelt wurden, müssten sie durch Schülerreferat oder Lehrerbericht kurz vorgestellt werden.
3. Thoas verstummt am Schluss und bleibt einsam zurück. Welches Unglück auf ihn zukommt, ist in I 2 angedeutet (Arkas: **Seitdem der König seinen Sohn verloren,/Vertraut er wenigen der Seinen mehr, […] er fürchtet/Ein einsam hilflos Alter, ja vielleicht verwegnen Aufstand und frühzeit'gen Tod**); sein gegen das Metrum gesprochenes abschließendes **Lebt wohl,** das ihm Iphigenie abgerungen hat, hebt nicht das Wissen auf, dass Thoas die ›Kosten‹ dieser ›guten‹ Lösung wird tragen müssen.
4. Rückverweis auf *Die Juden* mit der offenen Frage am Schluss, wie sich das Fräulein entscheiden wird; kann sie die Rassenvorurteile, die ihren Vater bestimmen, wie Lisette überwinden? Oder bestätigt sich die Melancholie des Reisenden, seine Akzeptanz der trennenden Schranken zwischen den Menschen aufgrund von Religion und Rasse? – Hinweis auf *Emilia Galotti*, wo der gräss-

Stunden	Thema	Didaktische Aspekte (Inhalte/Ziele)	Methodische Realisierung/ Verlauf
16./17.			
18./19. LK	›Was ist Aufklärung?‹	Vergleich des lessingschen Aufklärungsverständnisses mit Kants Aufklärungsbegriff	1. Kants Aufklärungsdefinition 2. Gedankenverlauf in Kants Aufklärungsaufsatz 3. Vergleich der Auffassung Kants mit dem Aufklärungsverständnis Lessings.

liche Tod Emilias Fragen aufwirft und die Art und Weise, wie sich der Prinz der Schuldfrage entzieht, empörend wirkt. – Hinweis auch auf *MINNA VON BARNHELM,* wo unklar bleibt, wodurch eigentlich die im Handlungsverlauf angelegte Tragödie verhindert wird: durch Minnas pädagogisches Spiel, das Tellheim zu sich selbst bringt, oder durch den unwahrscheinlichen Eingriff eines deus ex machina in Gestalt der wiedergutmachenden königlichen Gerechtigkeit? Die Zweideutigkeit ist der ganzen Komödie wie auch ihrem Schluss gleichsam einprogrammiert. Und die Ambivalenz klingt nach in den Schlussworten des frisch verheirateten Tellheim-Freunds an seine Liebste: **Über zehn Jahre ist sie Frau Generalin – oder Witwe!**

1. Wie definiert Kant im ersten Abschnitt seiner Aufklärungsschrift den Begriff der ›Aufklärung‹? Worin zeigt sich der appellative Charakter dieser ›Definition‹?
2. Was erschwert das Mündigwerden? Wodurch kann Aufklärung am besten gefördert werden? Wie definiert Kant ›öffentlichen‹ und ›privaten Vernunftgebrauch‹? Wie kommt er zu der Folgerung, dass eine Einschränkung bürgerlicher Freiheit für die Beförderung von Aufklärung günstig sein könne? Wo findet die Freiheit der Diskussion und des Räsonnierens ihre Grenze? Wie verhält sich der Gesamtaufsatz zum Fanfarenruf des ersten Abschnitts? Welchen Zusammenhang sieht Kant zwischen menschlicher Natur und Aufklärung? Wie schätzt Kant die Jetztzeit, die preußische Gegenwart ein?
3.

Kants Aufklärungsbegriff:	Lessings Verständnis von Aufklärung:
Ausgang aus selbst verschuldeter Unmündigkeit (eher individuell gedacht), eine Frage des Wollens; sapere aude!	Aufklärung als eine Zeit der Toleranz, des Friedens, der moralischen Autonomie (eher geschichtlich-gesellschaftlich gedacht), eine Hoffnungsvision: **soll sie denn nie kommen? Nie?** Unfreiheit ist strukturell begründet und nicht durchs Individuum selbst verschuldet (vgl. die Zwangslage von Al Hafi und vom Klosterbruder).
Ziel: sich des eigenen Verstandes bedienen (Betonung der intellektuellen Fähigkeiten)	Ziel: Selbstdenken im Sinne einer Bestätigung von Selbstständigkeit: Brechung der Lohnmoral, die um einer Belohnung willen handelt. Hoffnung auf das Tun des Guten um des Guten willen (Betonung der moralisch-ethischen Fragen)

Stunden	Thema	Didaktische Aspekte (Inhalte/Ziele)	Methodische Realisierung/ Verlauf
18./19.			
20. LK	Epochenvergleich ›Aufklärung‹ (als Lessingzeit) und ›Sturm und Drang‹	Funktion und Problematik der Epochenbegriffe exemplarisch aufzeigen	Der Epochenvergleich wird sich danach zu richten haben, welche Werke im Unterricht behandelt worden sind. Es wird auf Basis der gemeinsam bekannten Werke danach zu fragen sein: 1. Welche *gemeinsame* Stoßrichtung wird für Lessing und die ›Sturm und Drang‹-Schriftsteller sichtbar? Wogegen richten sie sich *gemeinsam?* 2. Welche Unterschiede werden erkennbar? Worin unterscheidet sich Lessing inhaltlich und stilistisch z. B. vom jungen Goethe oder vom frühen Schiller?

Öffentlicher Vernunftgebrauch (freigeben: d. h. dem gebildeten Lesepublikum alle Fragen zur offenen Diskussion vorlegen (Aufklärung eher von oben herab)	Politisch-institutionelle Freiheit gehört zur Aufklärung. Aufklärung zielt gerade auf den Pöbel, auf die im traditionellen Sinne Ungebildeten (so explizit in den Anti-Goeze-Schriften; vgl. aber auch das Analphabetentum Rechas und den ungebildeten Klosterbruder als Vertreter aufklärerischer Humanität (Aufklärung als Volksbewegung)).
Lob der Gegenwart, Lob für Friedrich II.	Verzweifelter Blick auf die Möglichkeiten der Gegenwart. Verachtung der ›preußischen Freiheit‹. Im Brief an F. Nicolai urteilt Lessing: **[...] lassen Sie einen in Berlin auftreten, der für die Rechte der Untertanen, der gegen Aussaugung und Despotismus seine Stimme erhebt [...] und Sie werden bald die Erfahrung haben, welches Land bis auf den heutigen Tag das sklavischste Land von Europa ist.**

Zu 1. und 2. vgl. die Tabelle zu den Epochencharakteristika in Kap. 5.

Stunden	Thema	Didaktische Aspekte (Inhalte/Ziele)	Methodische Realisierung/ Verlauf
21. LK	Lessing und Brecht – ein Vergleich	Die Ungenauigkeit von Brechts Widerspruch gegen Lessing und die Selbstwidersprüchlichkeit von Lessing als Theatertheoretiker und Dramenpraktiker	1. Brechts Position einer nicht-aristotelischen Dramatik, Grundelemente seines ›epischen Theaters‹ 2. Lessings Bezug auf Aristoteles 3. Aristoteles' Tragödienbegriff 4. *NATHAN* und die Forderungen der lessingschen und der brechtschen Dramentheorie
22.	Der Holocaust	Zum Horizont gegenwärtiger *NATHAN*-Rezeption	Alternativ-Planung: A. Schüler-Referate zur Lokalgeschichte: Etappen der nationalsozialistischen Judenverfolgung und der rassistischen Politik in meiner Heimatstadt (im Rahmen der Holocaust-Geschichte) B. Gemeinsames Lesen einiger Kapitel aus Peter Weiss' *ORATORIUM: DIE ERMITTLUNG* (rororo 1192), even-

1. Texte von Brecht gegen das ›Theater der Einfühlung‹ Plädoyer für das ›epische Theater‹, Beschreibung der zwei Arten von Zuschauern:
Der Zuschauer des dramatischen Theaters sagt: Ja, das habe ich auch schon so gefühlt. – So bin ich. – Das ist nur natürlich. – Das wird immer so sein. – Das Leid dieses Menschen erschüttert mich, weil es keinen Ausweg für ihn gibt. – Das ist große Kunst; da ist alles selbstverständlich. – Ich weine mit den Weinenden, ich lache mit den Lachenden. – Der Zuschauer des epischen Theaters sagt: Das hätte ich nicht gedacht. – So darf man es nicht machen. – Das ist höchst auffällig, fast nicht zu glauben. – Das muß aufhören. – Das Leid dieses Menschen erschüttert mich, weil es doch einen Ausweg für ihn gibt. – Das ist große Kunst: da ist nichts selbstverständlich. – Ich lache über den Weinenden, ich weine über den Lachenden.
2. Lessing über Furcht und Mitleid und das Einfühlen im 75. Stück der *Hamburgischen Dramaturgie* (zu Selbstwidersprüchen Lessings vgl. Kap. 4 in dieser *Nathan*-Interpretation)
3. Furcht (phobos, eher: Schrecken) und Mitleid (eleos, eher Jammer) als Voraussetzung der Katharsis in den Paragraphen 6 und 13 der *Poetik* des Aristoteles.
4. Ist *Nathan* eine Person, die **mit uns von gleichem Schrot und Korn** (Forderung in der *Hamb. Dramaturgie*) ist?
Wenn nicht, was heißt das für die Einfühlung, die Identifikation des Zuschauers? Das Unrealistische des Zeithintergrunds und der Szenerie des *Nathan:* Wie wirkt sich das auf die Zuschauerhaltung aus? Der offene Schluss: Wie wirkt sich das auf den Zuschauer aus? Zusammenfassend: Worin entspricht der *Nathan* den Charakteristika des von Brecht geforderten epischen Theaters, worin entzieht er sich diesen Charakteristika? (**Das Leid dieses Menschen erschüttert mich, weil es doch einen Ausweg für ihn gibt:** Dies trifft auf Nathan nicht zu, weil Lessing den (zu billigen?) brechtschen Optimismus in Bezug auf eine mögliche Gesellschaftsveränderung nicht teilt.)

Kurze Einleitung durch den Lehrer zur Funktion dieses Referats bzw. dieses Unterrichts: Rückbezug auf *Nathan* I 1 und das vielfach variierte **verbrannt;** Andeutung, dass das ›Verbrennen‹ (neben dem Krieg) ein Hauptmotiv bleibt, das im *Nathan* wiederholt anklingt (vor allem in IV 8 und IV 7). Die Krematorienöfen der Vernichtungslager und der nach Menschenfleisch riechende Rauch stellen sich als Assoziationen ein, wenn der *Nathan* nach 1945 auf die Bühne kommt (Celans **dann steigt ihr als Rauch in die Luft**).
Falls B gewählt wird:
11 Schüler als Sprecher einteilen. (Wenn die »Gesänge von den Feueröfen« genommen werden: 7 Schüler)

Stunden	Thema	Didaktische Aspekte (Inhalte/Ziele)	Methodische Realisierung/ Verlauf
			tuell *Gesang von der Schwarzen Wand I–III.* Behutsames Gespräch über die beim Lesen/Hören entstandenen Spannungen und Gefühle C. Reflexion auf den Holocaust in der Gegenwartsliteratur, z. B. in Celans »Todesfuge«.

4 Klausurvorschläge

Grundkurs

1. Szene I 3 (speziell V. 479–500)
   Was lässt Al Hafi auf seine Fluchtgedanken kommen?
   Wie trägt er seine ›Analyse‹ vor und wie reagiert Nathan?
   Wie verschärft sich die Situation im Weiteren für Al Hafi, sodass er tatsächlich flieht? (II 2 und II 9)
   Inwiefern stellt Al Hafis Analyse (hier in I 3) und sein Verhalten die ›Lösung‹ des Gesamtdramas grundsätzlich in Frage?
1. (alternativ) Alf Hafi versucht am Ganges seinem Meister zu erklären, warum er aus Jerusalem geflohen ist.
2. Szene IV 7 (speziell V. 2912–2958)
   In welchem Kontext steht diese Szene? (Bitte *kurz* auf den Zusammenhang im Gesamtdrama eingehen.)
   Analysieren Sie die Dialogführung in diesen Versen.
   Wie wird Nathan am Beginn dieser Szene charakterisiert (durch seine Sprache und sein Verhalten)? Wie fügt sich das in das ›Gesamtbild‹ dieser Person?
3. Szene III 6
   Kontext dieser Szene (kurz)
   Wie ›entwickelt‹ sich Nathans Gedanke?

Falls C gewählt wird:
– Vorlesen des Gedichts durch den Lehrer, spontan Auffälliges sammeln.
– Zweites Vorlesen durch einen Schüler, die ›Handlung‹ ermitteln.
– Frage nach dem Reim und seiner Funktion (Poetische ›Harmonie‹ als Ausdruck von tödlicher Treffsicherheit)
– Funktion der monotonen Wiederholungen, der alogischen Metaphern und Dissonanzen
– Sulamith: Braut aus dem »Hohen Lied«
Margarete: Fausts Gretchen
Das ›Faustische‹ an dem Mann, der mit den ›Schlangen‹ (vgl. 1. Mose 3 und 4. Mose 21, 4–9) spielt
– Stellungnahme zu Urteilen aus der Sekundärliteratur:
a) **Weit entfernt hält sich Celan vom Aufschrei, von der Anklage. Seine »Todesfuge« ist ein Vorbild dafür, wie aktuelles Geschehen durch Distanz schaffende Form künstlerisch bewältigt werden kann** (aus: *Der Deutschunterricht* Nr. 3/1960)
b) **Celans »Todesfuge« ist gerade in seiner poetisch schönen Form ein Aufschrei [...] Dieses Gedicht ist der Versuch, das Unbegreifliche sprachlich darzustellen, und dieses Gedicht ist zugleich das Eingeständnis, daß die Poesie an dieser Wirklichkeit zerbricht und daß Sprache dieses Geschehen nicht ›bewältigen‹ kann.** (nach Voswinckel (1987), *Paul Celan*)

Was charakterisiert die Art seines ›inneren‹ Sprechens? In welchen Bildern denkt er?
Was erfährt der Leser/Zuschauer über Nathan?

Leistungskurs
1. Vergleich der Ringparabel in Lessings *Nathan* und bei Boccaccio (Anlage)
   Eine Erzählung aus dem *Decamerone* des Giovanni Boccaccio (1313–1375) diente Lessing als Vorlage für die von Nathan vorgetragene Ringparabel.
   Erarbeiten Sie beim Vergleich beider Fassungen die inhaltlich (und formal) wichtigen Abänderungen gegenüber der Vorlage und versuchen Sie zu begründen, warum Lessing seine Vorlage verändert hat.
   Verschiedene Begründungszusammenhänge, von denen man ausgehen könnte, erscheinen möglich:
   – die Funktion der Ringparabel im Handlungsganzen des *Nathan*
   – der geschichtsphilosophische Modellcharakter der Parabel
   – die Gesamtinterpretation des *Nathan*
   – die Funktion des *Nathan*-Dramas im so g. Fragmentenstreit
2. Al Hafis Charakteristik des Sultans und ihre Funktion für das *Nathan*-Drama
   Die Behandlung dieses Themas sollte von der Textinterpretation zur Szene I 3 ausgehen. Im Blick auf das Gesamtdrama können folgende Fragen als Anregungen verstanden werden:

- Warum sieht der Derwisch – als Resultat seiner Situationsanalyse – nur noch die Möglichkeit der Weltflucht um Mensch bleiben zu können?
- Wie ordnen sich die Ausweglosigkeit des Derwischs und seine Charakteristik des ›guten Sultan‹ in das Gesamtdrama ein?
- Warum baut Lessing solche ›negativen Momente‹ in sein *Nathan*-Drama ein? Was könnte seine Aussageabsicht sein?
- Was will Lessing auf diese Weise beim Leser, beim Zuschauer bewirken?

3. Das Pogrom von Gath als Hintergrundsdimension des *Nathan*-Dramas
Die Behandlung dieses Themas sollte von detaillierter Textinterpretation zur Szene IV 7, vor allem der Nathan und den Klosterbruder charakterisierenden Textstellen, ausgehen. Im Blick auf das Gesamtdrama können folgende Fragen als Anregungen verstanden werden:
   - Welche Bedeutung hat diese Szene für das Verständnis von Nathans Verhalten?
   - Wie stellt sich das Denken des Klosterbruders dar und wie geht er mit den ihm daraus erwachsenden Schwierigkeiten um?
   - Welche Funktion hat diese Szene im Handlungsganzen?
   - Dieser ›dunkle‹ Hintergrund des *Nathan*-Dramas: Was könnte Lessings Aussageabsicht, was die erwünschte Zuschauerwirkung sein?

Themenvorschlag für eine ›literarische Erörterung‹
»Weder der Tempelherr noch Recha noch Nathan *sind,* was sie zu sein scheinen. Der Tempelherr ist kein Franke, sondern ein Türke. Recha ist keine Jüdin, sie ist eine Christin und ist die Tochter eines moslemischen Türken. Nathan ist nicht der Vater von Recha. Und wenn Recha fragt: ›Aber macht nur das Blut den Vater? Nur das Blut?‹, dann *wählt* sie sich Nathan als Vater, wie damals Nathan sie als seine Tochter gewählt hatte. Recha könnte ebenfalls sagen: ›Ich glaube, dass ich Nathans Tochter bin‹, und dies würde Folgendes bedeuten: ›Ich habe die Lehren Nathans freiwillig angenommen und ich nehme sie heute wieder freiwillig an. Ich will ihm freiwillig treu bleiben. Ich will mich seiner Güter würdig erweisen. Ich *bin* die Tochter Nathans, wenn ich auch nicht mehr seine Tochter *heiße.*‹ Nach Lessing sind die bloß organischen Verhältnisse, die stumme Annahme dieser Verhältnisse und die Identifizierung mit ihnen das Treibhaus des Fundamentalismus. Den Gegenpol zu den organischen Verhältnissen bilden aber nicht die ›mechanischen‹, sondern die freiwilligen, vernünftig erwählten. Wenn etwas frei gewählt ist, dann existiert schon die Autorität der Wahl: die freie Persönlichkeit. Deswegen kann ich und soll ich nicht sagen, dass ich bin, was ich heiße, nur, dass ich glaube, dass ich es bin. Mit den Worten: ›Ich glaube, dass ich es bin‹ drücke ich meine Entschlossenheit aus, den tiefen und freien Beweggründen meiner Wahl, und damit mir selbst, treu zu bleiben.«

a) Geben Sie die Hauptthese dieses Textes (aus der Rede der Lessing-Preisträgerin 1980, Agnes Heller) wieder.
b) Prüfen Sie, ob sie für das *Nathan*-Drama zutrifft.
c) Wir leben in einer Zeit, in der weniges noch selbstverständlich und durch die Tradition vorgegeben ist; wie stehen Sie in der heutigen Zeit zu der Aussage, dass die bloß organischen Verhältnisse und die Identifizierung mit ihnen als ›Treibhaus des Fundamentalismus‹ (und damit der weltanschaulich-religiösen Borniertheit) wirken?

Produktionsorientierte Themenstellung
Welche Gefühle bewegen Recha in der Schlussszene des Dramas?

5 Materialien

»Kamera I« **Material 1**

Dem Mann ist alles geglückt. Zeitlebens war er der Erste. Immer hatte er Anspruch auf das stolzeste Lebensgefühl, alles aus eigener Kraft zu haben, und diese Kraft spürte er und ließ er andere spüren. Schon als Kind bestand er darauf, »mit einem großen, großen Haufen Bücher« porträtiert zu werden, oder gar nicht. Er hatte das Gück, eine der besten Schulen im damaligen Deutschland zu besuchen, dort durch Scharfsinn, Fleiß und Unerschrockenheit hervorzuragen (»ein guter Knabe, aber etwas moquant«), und er hatte die Insistenz, seinen vorzeitigen Abgang durchzusetzen, um früh ans Studieren zu kommen. Aber als er dann in Leipzig war, dachte er nicht mehr an die Theologie, kaum an die Universität: Er hatte das Zeit-Gespür fürs Theater, und sein erstes Stück, »Der junge Gelehrte«, wurde auch gleich gespielt; da war er gerade achtzehn. Als er etwas später nach Berlin ging, brauchte er zwei Jahre, bis ein damals berühmter Mann über ihn schrieb: »Ein neuer Criticus (ist) aufgestanden [...]« Und als er schon, mit nunmehr fünfundzwanzig Jahren, »dieser berühmte Schriftsteller« genannt wurde, zog er sich sechs Wochen lang in ein Gartenhaus nach Potsdam zurück und probierte wieder das Theater aus: Er brachte seinen Freunden in Berlin das erste deutsche »bürgerliche Trauerspiel« fertiggeschrieben mit, die »Miss Sara Sampson«. Es war seine Entschiedenheit, die die Deutschen auf Shakespeare und das englische Theater brachte (»ein Genie kann nur von einem Genie entzündet werden«), und die Sätze, mit denen er das, im 17. Literaturbrief, tat, sind bis heute ein Musterbeispiel dafür, wie man deutsch mit Leuten redet. Und als er dem literarischen Leben ganz entsagt zu haben schien und der Sekretär eines preußischen Generals geworden war, da griff er erst recht ins volle Menschenleben und in den größten, den heitersten Nachruhm: Die wahrhaft bleibende Eroberung des siebenjährigen Krieges ist seine »Minna von Barnhelm«. Und wie anders stünde Friedrich da, wenn er nicht den Krieg, sondern Lessing gewonnen hätte! Bald darauf ist er in Hamburg dabei, als man dort ein Deutsches Nationaltheater gründet; er begleitet die Aufführungen mit kritischen Notizen und schreibt, binnen eines Jahres, so etwas wie das erste Buch Moses der deutschen Theaterkritik. Und er lernt, mit vierzig Jahren, die Frau seines Lebens kennen, ihm ähnlich an Lebensklarheit, Verstand und Tatkraft. Er wird Leiter der damals renommiertesten (nicht mehr der größten) Bibliothek der Welt und macht dort Entdeckungen, deren Folgen Deutschland wie ein schweres, aber reinigendes Gewitter überziehen: die Schutzschrift des Reimarus, »das Hauptwerk der deutschen Aufklärung« (Blumenberg), gerät durch ihn, wenn auch in Auszügen, unter das Publikum. Sein Mut sucht seinesgleichen: Unter den Augen seines Herzogs schreibt er ein Stück gegen Fürstenwillkür und höfische Intrige, die »Emilia Galotti«. Als er Wolfenbüttel nach Jahren der Vergrabenheit in der Bibliothek einmal verläßt und Wien besucht, wird er seines gewaltig gewachsenen Ruhmes inne: Die Theater in der Kaiserstadt setzen seine Stücke an, das Publikum schreit sich nach ihm die Kehle aus, die Fürsten reißen sich um seine Tisch-Gesellschaft, und Maria Theresia erbittet seinen Rat. Zu den Ruhmestiteln, die ihm die Nachwelt gibt, gehört, daß er als »erster in Deutschland die Forderung einer nationalen Literatur aufgestellt habe«, und inzwischen gilt er gar als »der Entdecker der strukturalistischen Idee der Sprache im Sinne einer planvollen Literaturtheorie«. – Er krönt sein Lebenswerk mit dem Versöhnungsdrama »Nathan der Weise«, und sein Versmaß wird zum Versmaß der Klassiker. Einer von ihnen, Friedrich Schiller, dichtet über den glücklichen ersten der deutschen Literatur:

»Vormals im Leben ehrten wir dich wie einen der Götter; nun du tot bist, so herrscht über die Geister dein Geist.«

»Kamera II«

Dem Mann ist alles fehlgeschlagen. Nie hatte er Geld, selbst dann nicht, wenn er welches hatte; denn gleich saß ihm die Verwandtschaft auf der Tasche, oder ein Bettler lief ihm über den Weg. »Was hätte aus dem werden können!«, klagte später ein Leipziger Kommilitone. Die Leipziger Schauspieler, die sein Stück aufgeführt hatten, fliehen nach Wien und lassen ihn als Bürgen auf ihren Schulden sitzen. Als er sich vor den Gläubigern nach Berlin retten will, bricht er auf halbem Weg, in Wittenberg, krank zusammen. Als er endlich nach Berlin kommt, kann er sich vor lauter Abgerissenheit nicht unter die Leute wagen. Als er in Berlin Aussicht hat, mit dem sensationellsten Schriftsteller des Jahrhunderts, mit Voltaire, näher bekanntzuwerden, verscherzt er sich das durch peinliches Ungeschick; verscherzt sich damit zugleich die Chance, je in die Nähe oder gar in die Gunst Friedrichs zu kommen. Der König vereitelt auch seine erste große Reise: Der Leipziger Kaufmann Winkler, dem Lessing als Reisebegleiter dienen will, kehrt 1756 bei der Nachricht vom Ausbruch des Kriegs eilig und besitzängstlich aus Amsterdam nach Leipzig zurück. Der Prozeß, den er um sein vereinbartes Ausfallhonorar führen muß, dauert so lang wie der Krieg: sieben Jahre. Nachgerade wird der Mann für seine Freunde zum Sozialfall: »Es jammert mich recht, daß ein Mann, wie Lessing ist, noch um seine Versorgung soll bekümmert sein, und daß auch das Wenige, was er verlangt, für ihn unmöglich wird.« Die Stelle eines Bibliothekars bekommt er 1757 so wenig wie knapp zehn Jahre später, als man ihn dreimal dem König empfiehlt. Seinen besten Freund, Ewald von Kleist, verliert er, als dieser, weniger um zu kämpfen, als um zu sterben, in den Krieg zieht. Die Berliner Freunde verliert er, als sie beginnen, ihn zu Tode zu langweilen. Einer von ihnen hat sogar versucht, seine (längst fällige) Wahl in die Berliner Akademie zu hintertreiben. Aber als er nach Breslau, ins Gouvernementssekretariat, geflohen ist, packt ihn das Entsetzen: »Ach, bester Freund, ihr Lessing ist verloren!« Nicht einmal Geld bringt er aus den fünf Jahren Breslau heim, und die große Bibliothek, die er sich in dieser Zeit erworben hat, muß er wenige Jahre später, um wenigstens seine gröbsten Schulden bezahlen zu können, wieder versteigern lassen. Alles mißlingt und in Hamburg ist nicht nur der Traum vom Nationaltheater rasch und ärgerlich wieder vorbei, auch der Versuch eines Druckereiunternehmens scheitert kläglich und macht ihn ärmer als je. Noch sein langgehegter Lebenswunsch, eine Reise nach Italien, wird, weil er sich verspätet und im verfehltesten Augenblick erfüllt, zur Folter: Als er und seine Verlobte Eva König, nach dreijähriger Trennung von Wien aus gemeinsam nach Norden reisen, als er die geliebte Frau endlich heimführen will, kommt ein herzoglicher Befehl. Jetzt muß er nach Süden; aber just jetzt ist Italien das Land, für das er keine Sinne, keine Augen, keine Nerven hat. Und als er endlich diese Frau doch noch geheiratet hat, als er sein Glück nicht nur gewagt, sondern auch ein gutes Jahr gekostet hat, stirbt sie im Wochenbett, wenige Tage nach dem Kind. Der Satz aber, den er im Angesicht der Sterbenden an den Freund Eschenberg schreibt, gilt nicht für die Todesszene allein im Lessing-Haus; dieser Satz könnte, wenn der Mann ein willigeres Verhältnis zum Klagen gehabt hätte, als Leitsatz und Leidsatz über seinem ganzen Leben stehen: »Ich wollte es

auch einmal so gut haben, wie andere Menschen; aber es ist mir schlecht bekommen.«
Goethe, merkwürdigerweise, weiß von diesem Hiob-Lessing, wenn er Nicolai zurechtweist:

»Nenne Lessing nur nicht, der Gute hat vieles gelitten
Und in des Märtyrers Kranz warst du ein schrecklicher Dorn.«

(Beide Texte aus: Dieter Hildebrandt, Lessing. Biographie einer Emanzipation. Frankfurt, Berlin, Wien 1982, S. 8–11)

Brief an Karl Lessing vom April 1779 **Material 2**

Mein lieber Bruder,
Ich wollte schon an allem verzweifeln [...] als ich endlichen Deinen Brief vom 9ten dieses mit den Aushängebögen bekam, und die Möglichkeit daraus erkannte, daß der *Nathan* noch so eben auf der Messe erscheinen könne. Das beste ist, daß er nicht weit nach Leipzig hat [...] Schicke mir ja die Aushängebögen, so weit Du sie immer hast; denn ich halte es wirklich für notwendig, die Druckfehler anzuzeigen [...] Ich hätte freilich können die fremden Wörter alle erklären [...] Aber auch das kann entweder in einer zweiten Ausgabe Platz finden, oder im Anhange des »Derwisch«. Diesen will ich diesen Sommer schon auch noch Zeit finden, auszuarbeiten [...]

Brief an Moses Mendelssohn vom 19. 10. 1780 **Material 3**

Liebster Freund,
Der Reisende, den Sie mir vor einiger Zeit zuschickten, war ein neugieriger Reisender. Der, mit dem ich Ihnen itzt antworte, ist ein emigrierender [...] Eigentlich heißt er Alexander Daveson, dieser Emigrant; und daß ihm unsre Leute, auf Verhetzung der Ihrigen, sehr häßlich mitgespielt haben, das kann ich ihm bezeugen. Er will von Ihnen nichts, lieber Moses, als daß Sie ihm den kürzesten und sichersten Weg nach dem europäischen Lande vorschlagen, wo es weder Christen noch Juden gibt. Ich verliere ihn ungern; aber sobald er glücklich da angelangt ist, bin ich der erste, der ihm folgt [...]

G. E. Lessing: »Die Erziehung des Menschengeschlechts« **Material 4**

(teilweise schon 1777 entstanden, als ganze Schrift aber erst Ostern 1780 veröffentlicht, wobei Lessing sich selbst nur den ›Herausgeber‹ nannte)

Auszüge (leicht bearbeitet)

Vorbericht des Herausgebers:
Motto: »All dies ist aus denselben Gründen in gewisser Hinsicht wahr, aus denen es in gewisser Hinsicht falsch ist.« (Augustin)
Der Verfasser hat sich in diesem Aufsatz auf einen Hügel gestellt, von welchem er etwas mehr, als den vorgeschriebenen Weg seines heutigen Tages zu übersehen glaubt: Aber er ruft keinen eilfertigen Wanderer, der nur das Nachtlager bald zu erreichen wünscht, von seinem Pfade. Er verlangt nicht, daß die Aussicht, die ihn entzücket, auch jedes andere Auge entzücken müsse.
Und so, dachte ich, könnte man ihn ja wohl stehen und staunen lassen, wo er steht und staunt!

Wenn er aus der unermeßlichen Ferne, die ein sanftes Abendrot seinem Blicke weder ganz verhüllt, noch ganz entdeckt, nun gar einen Fingerzeig mitbrächte, um den ich oft verlegen gewesen!

Ich meine diesen. – Warum wollen wir in allen positiven Religionen nicht lieber weiter nichts, als den Gang erblicken, nach welchem sich der menschliche Verstand jedes Orts einzig und allein entwickeln können, und noch ferner entwickeln soll; als über eine derselben entweder lächeln, oder zürnen? Gott hätte seine Hand bei allem im Spiele: nur bei unseren Irrtümern nicht?

§ 1 Was die Erziehung bei dem ersten Menschen ist, ist die Offenbarung bei dem ganzen Menschengeschlechte.

§ 4 Erziehung gibt dem Menschen nichts, was er nicht auch aus sich selbst haben könnte: sie gibt ihm das, was er aus sich selbst haben könnte, nur geschwinder und leichter. Also gibt auch die Offenbarung dem Menschengeschlechte nichts, worauf die menschliche Vernunft, sich selbst überlassen, nicht auch kommen würde: sondern sie gab und gibt ihm die wichtigsten dieser Dinge nur früher.

§ 13 Indem Gott sich dem israelitischen Volk als der Mächtigste von allen bezeugte, – welches doch nur einer sein kann, – gewöhnte er es allmählich an den Begriff des Einigen.

§ 16/17 In dieser Kindheit der Menschheit konnte Gott nur durch unmittelbar sinnliche Strafen und Belohnung einwirken. Denn weiter als auf dieses Leben gingen die Blicke der Menschen noch nicht. Sie wußten noch nichts von einer Unsterblichkeit der Seele und sehnten sich nicht nach einem künftigen Leben. Darum spricht das Alte Testament von alldem nichts.

[Die Frage, warum es dem Frommen schlecht ergeht, führt über den Rahmen dieser ersten Gottesoffenbarung hinaus; ebenso die Lehre von der Unsterblichkeit der Seele und von der Weltherrschaft des einen Gottes, die den Israeliten im Exil (Babylonier, Perser) begegnet.]

§ 53 Ein beßrer Pädagoge muß kommen, und dem Kinde das erschöpfte Elementarbuch aus den Händen reißen. – Christus kam.

§ 60/61 Christus lehrte, die innern und äußern Handlungen nicht nach Belohnungen hier und jetzt einzurichten; eine innere Reinigkeit des Herzens in Hinsicht auf ein anderes Leben zu empfehlen, war ihm allein vorbehalten.

[Lessing legt nun einige christliche Grundanschauungen (z. B. Trinität) aus und folgert:]

§ 76 Die Ausbildung geoffenbarter Wahrheiten in Vernunftwahrheiten ist schlechterdings notwendig, wenn dem menschlichen Geschlechte damit geholfen sein soll.

§ 80 Der menschliche Geist muß sich an solchen geistigen Gegenständen üben, wenn er zu seiner völligen Aufklärung gelangen und diejenige Reinigkeit des Herzens hervorbringen soll, die uns, die Tugend um ihrer selbst willen zu lieben fähig macht.

§ 81 Oder soll das menschliche Geschlecht auf diese höchste Stufe der Aufklärung und Reinigkeit nie kommen? Nie?

§ 82 Nie? – Laß mich diese Lästerung nicht denken, Allgütiger! – Die Erziehung hat ihr Ziel; bei dem Geschlechte nicht weniger als bei dem Einzeln.

§ 84 Was der Kunst mit dem Einzeln gelingt, sollte der Natur nicht auch mit dem Ganzen gelingen? Lästerung! Lästerung!

§ 85 Nein; sie wird kommen, sie wird gewiß kommen, die Zeit der Vollendung, da der Mensch, je überzeugter sein Verstand einer immer bessern Zukunft sich fühlet, von dieser Zukunft gleichwohl Bewegungsgründe zu seinen Handlungen zu erbor-

gen nicht nötig haben wird; da er das Gute tun wird, weil es das Gute ist, nicht weil Belohnungen darauf gesetzt sind.
§ 86 Sie wird gewiß kommen, die Zeit eines neuen ewigen Evangeliums, die uns in den Elementarbüchern des Neuen Bundes selbst versprochen ist.
§ 91 Geh deinen unmerklichen Schritt, ewige Vorsehung! Nur laß mich dieser Unmerklichkeit wegen an dir nicht verzweifeln. – Laß mich an dir nicht verzweifeln, wenn selbst deine Schritte mir scheinen sollten, zurück zu gehen! – Es ist nicht wahr, daß die kürzeste Linie immer die gerade ist.
§ 92 Du hast auf deinem ewigen Wege zu viel mitzunehmen! so viel Seitenschritte zu tun! – Und wie? wenn es nun gar so gut als ausgemacht wäre, daß das große langsame Rad, welches das Geschlecht seiner Vollkommenheit näher bringt, nur durch kleinere schnellere Räder in Bewegung gesetzt würde, deren jedes sein Einzelnes eben dahin liefert?
§ 93/94 Eben die Bahn, auf welcher das Geschlecht zu seiner Vollkommenheit gelangt, muß jeder einzelne Mensch (der früher, der später) erst durchlaufen haben. »In einem und eben demselben Leben durchlaufen haben?« – Das wohl nun nicht! – Aber warum könnte jeder einzelne Mensch auch nicht mehr als einmal auf dieser Welt vorhanden gewesen sein?
§ 95 Ist diese Hypothese darum so lächerlich, weil sie die älteste ist?
§ 98 Warum sollte ich nicht so oft wiederkommen, als ich neue Kenntnisse, neue Fertigkeiten zu erlangen geschickt bin? Bringe ich auf einmal so viel weg, daß es der Mühe wieder zu kommen etwa nicht lohnet?
§ 100 Oder, weil so zu viel Zeit für mich verloren gehen würde? – Verloren? – Und was habe ich denn zu versäumen? Ist nicht die ganze Ewigkeit mein?

Johann Melchior Goeze (1717–86)

Material 5

(Muster einer erfolgreichen Theologenkarriere. Sohn eines Pastors zu Halberstadt und Aschersleben, nach dem Studium Kollege des Vaters, dann Pastor in Magdeburg und Hauptpastor in Hamburg)
Aus den Goeze-Schriften:

> **Daher ist die göttliche Offenbarung vor allem anderen zu verehren, weil sie alles, was der Vernunft fehlet, vollkommen ersetzet, und uns da ein herrliches Licht anzündet, wo uns die Vernunft völlig in der Finsterniß lässet. – Die Vernunft, und die sich darauf gründende Freyheit, machen den Adel der menschlichen Seele aus. Je reiner und aufgeklärter die Einsichten eines Menschen sind; desto näher kommt er seinem Schöpfer.**

Lessing hatte Teile einer radikal christentums-kritischen Schrift (von Hermann Samuel Reimarus aus Hamburg) als »Fragmente eines Ungenannten« herausgegeben. Während viele Theologen gegen den ›Fragmentisten‹ aufstanden, richtete der Hauptpastor Goeze seinen Angriff auf den Herausgeber, auf Lessing:

> **Die Erscheinung dieser Schrift ist ein abermaliger Beweis des Satzes: Es ist nichts so arg, das nicht zu etwas gutem dienen könnte. Die Fragmente eines Ungenannten, welche der Herr Hofrat Lessing durch den Druck der Welt mitgeteilet, sonderlich das fünfte unter denselben, in welchem der Verfasser die Wahrheit der Auferstehung Christi zu stürzen, und die Apostel als die ärgsten Betrüger und Lügner darzustellen sucht, sind gewiß *das ärgste*, das man denken kann. Nur derjenige kann Unternehmungen von dieser Art als**

etwas gleichgültiges ansehen, der die christliche Religion entweder für ein leeres Hirngespinst, oder gar für einen schädlichen Aberglauben hält, und der nicht eingesehen hat, oder nicht einsehen will, daß die ganze Glückseligkeit der bürgerlichen Verfassung unmittelbar auf derselben beruhe, oder der den Grundsatz hat: *Sobald ein Volk sich einig wird, Republik sein zu wollen, so darf es,* folglich die biblischen Aussprüche, auf welchen die Rechte der Obrigkeit beruhen, als Irrtümer verwirft.

Goeze verweist auf die Münsteraner Wiedertäufer (und auf den Gründer des Jesuitenordens) als solche Rebellen, die nur dann durch Militär und Kriegszucht zu unterdrücken sind, wenn die Monarchen sicher sein können, dass ihre Soldaten Christen sind: »Sind sie es gleich nicht alle im schärfsten Verstande; so sind doch die Grundgesetze der christlichen Religion von dem Rechte der Obrigkeit, und von der Pflicht der Untertanen, zu tief in ihre Herzen geprägt, als daß es ihnen so leicht als den Heiden, werden sollte, solche daraus zu vertilgen. Werden sie aber Christen bleiben [...] wenn es jedem Witzlinge und Narren freistehet, mit der christlichen Religion und mit der Bibel vor den Augen des ganzen christlichen Publici das tollkühnste Gespött zu treiben? Ich habe die Hoffnung zu Gott, daß die Zeit nahe sei, welche diesem unsinnigen Unfuge ein Ende machen wird.«
Goeze verbittet es sich, als Inquisitor bezeichnet zu werden:

Ich besorge, daß Herr L. diese Fragen und Forderungen für ein *Inquisitionsverhör* ausgegeben werde [...] Von mir hat er kein Inquisitions-Verhör zu besorgen, ob solches aber nicht von denen erfolgen möge, deren Amt es mit sich bringet, *die Reichsgesetze wider die Publikation gotteslästerlicher Schriften,* aufrecht zu erhalten, das ist eine andre Frage.

Tatsächlich wird Lessing in diesem ›Fragmenten-Streit‹ durch das Herzogliche Konsistorium in Braunschweig die Zensurfreiheit entzogen und der Herzog verbot ihm jede weitere Veröffentlichung in dieser Sache. So entschied Lessing (Brief vom 6. Sept. 1778): »Ich muß versuchen, ob man mich auf meiner alten Kanzel, auf dem Theater wenigstens, noch ungestört will predigen lassen.« Sein Gegner Goeze hatte freilich versucht, Lessings theologische Kompetenz dadurch in Frage zu stellen, dass er Lessings Argumentationen als »Theaterlogik« abqualifizierte:

Ich habe [...] mit Betrübnis ersehen, daß der Herr L. sich kein Bedenken macht, den so heiligen und wichtigen Gegenstand [...] mit der allergrößten Leichtsinnigkeit zu behandeln, daß er auch hier seinem Witze durchgängig den Zügel schießen läßt [...]: und ist dieses bey einem Manne zu bewundern, der das Theater zu aller Zeit mit so vieler Application studirt, der eine dicke Dramaturgie, der so viel Komödien und Tragödien geschrieben hat?

Gegen bestimmte dogmatische Thesen Goezes hatte Lessing kleine fabelhafte Geschichtchen erzählt, die für Goeze aber jeder Beweiskraft entbehrten. Lessing dagegen (im 8. Anti-Goeze): »Folget aus dem bloß möglichen Falle nicht ebendas, was aus dem wirklichen Falle folgen würde?«

Material 6 Aussagen von Claus Peymann zur Bochumer Aufführung 1981:

Ich meine, das Schreckliche an dieser raffinierten, glänzenden Konstruktion ist die glatte Lösung. Sie ist langweilig wie im Kriminalroman, und das ist auch das Problem des Stückes. Also haben wir einen Schluß gemacht, der nicht aufgeht. Nathan steht am Ufer, die Eisscholle mit allen anderen treibt

aufs Meer hinaus. Saladin und Sittah haben ihm die Tochter genommen und ihn vergessen. Er hat dann auch nichts mehr zu sagen (In: Dessau, S. 131 f.).

Kritik in der Süddeutschen Zeitung zur Heyme-Inszenierung in Stuttgart (13.9.1982):

> **Diese Vereinigung (sc. von Recha und Tempelherr) und Hansgünther Heymes Deutung der Schlußszene zeigen, wie unzufrieden das Stuttgarter Ensemble mit Lessings kleinmütig konstruiertem Theater-Coup ist. Nachdem Nathan den Tempelherren als Rechas Bruder entdeckt hat, und zu mächtigen Paukenschlägen die rückwärtige Bühnenwand in die Höhe gefahren ist, gehen die Darsteller in diesen kalten weißen Raum und ziehen die dort bereithängenden weiß-goldenen Barockkostüme an. Langsam bewegen sie sich alsdann auf die Zuschauer zu und deklamieren teilnahmslos die restlichen Verse.**

J. Sobot: »Die Palästinenserin« – Personenverzeichnis **Material 7**

Die Personen

BENESH – Regisseur. Sein Spitzname ist eine Verballhornung seines wirklichen Vornamens Beinish. Gemeinsam mit Samira schrieb Benesh das Drehbuch von »Magda«, das auf Samiras eigener Geschichte basiert. Neben seiner Funktion als Regisseur des Films spielt er auch die Rolle des Rodney, einen britischen Drehbuchautor, der Samiras Geliebter war. Benesh ist 48 und verheiratet. Während der letzten drei Jahre hatte er eine Affäre mit Dahlia.

DAHLIA – Schauspielerin, 40. Sie spielt die Rolle der Magda, im Film die Verkörperung von Samira. Magda ist 23, im selben Alter, in dem Samira war, als die Geschichte sich ereignete.

SAMIRA – eine arabische Schauspielerin, 25 Jahre alt und mit Benesh Co-Autorin des Drehbuchs »Magda«. Im Film liest sie die die Szenen einleitenden Texte, in denen sie ihre Geschichte erzählt.

UDI – Schauspieler, um die 30. Er spielt die Rolle des David, der im Drehbuch 25 ist. David ist Jura-Student und Mitglied einer ultra-rechten Organisation. Udi selbst vertritt radikale linke Ideen.

YITZHAK – ein ca. dreißigjähriger Schauspieler, der Ephraim spielt, einen fünfzigjährigen Oberst (der Reserve) und Davids Vater. Yitzhak ist Spezialist für Clownerien, weshalb er für die Rolle des Ephraim ausgewählt wurde, der im Film als Clown verkleidet erscheint und gerade von einem Purim-Kostümfest kommt.

ADA – Udis wirkliche Mutter und in der Rolle der Miriam im Film Davids Mutter. Ada unterrichtet kreatives Theaterspiel, ebenso wie Miriam im Film.

FAHAD – ein arabischer Schauspieler, 40. Er spielt Adnan, Magdas Freund im Film, einen fünfundzwanzigjährigen Schauspielschüler.

YONAH – ein fünfunddreißigjähriger Filmemacher. Ein guter Freund von Benesh. Im Film spielt er Barry, einen Studenten, ursprünglich aus den USA und Mitglied einer ultra-rechten Gruppe.

PAUL – Musiker und Pianist der Produktion. Er spielt auch die Rolle des Avi, Mitglied der rechtsgerichteten Gruppe und Barrys Komplize.

HAVKIN – ein einstiger Kleindarsteller und Tanzlehrer, der mit seinen Tanzkursen auf Schauspielschulen kaum seinen Lebensunterhalt verdienen kann. Er ist ein alter Mann, ohne Familie und allein. In Wien war er in den dreißiger Jahren Ausdruckstänzer. Im Film spielt er die Rolle des Herbert, einen ehemaligen Tanzlehrer, in dessen Studio Magda die Geschichte des Films noch einmal erlebt.

EINE SÄNGERIN – sie begleitet den Pianisten mit lautmalerischem Gesang.
STUDIOTECHNIKER usw.
Die Handlung spielt in einem Fernsehstudio, in dem der Fernsehfilm »Magda« gedreht wird. Die Handlung des Films wird Teil des Stücks. Das Bühnenbild ist das des Fernsehspiels »Magda«, mit der typischen Ausrüstung einer Fernseh-Produktion. Der Film muß bis zum kommenden Morgen fertiggestellt sein, da der minimale Etat es nicht erlaubt, einen Tag länger zu drehen und das Studio innerhalb von 24 Stunden geräumt werden muß.

Material 8

»Die Palästinenserin«

Die Handlung
Die Bühne präsentiert sich als TV-Studio, es geht um die Aufnahme eines Fernsehspiels. Wir haben also, auf den ersten Blick, zumindest zwei Handlungsebenen: die Geschichte der Dreharbeiten und der Beziehungen des Produktionsteams untereinander sowie die Handlung des Filmes selbst. Thema ist das Zusammenleben von Juden und Arabern in Israel, aufgedeckt durch die persönliche Geschichte eines arabischen Mädchens, einer Palästinenserin namens Samira, die uns im Film – wo die Heldin Magda heißt – ihr Schicksal selbst erzählt.
Magdas Leidensweg beginnt, als sie während ihrer Studienzeit in Jerusalem von einer Handvoll jüdischer Fanatiker zusammengeschlagen wird. Diese halten sie für eine Jüdin, die mit einem Araber lebt, lassen jedoch sofort von ihr ab, als sie die Verwechslung erkennen. Tragisches Ende ist ein zweiter Überfall, bei dem Magda ihr ungeborenes Kind verliert. Wieder rechnet dieselbe Gang mit ihr ab, dieses Mal, weil sie als Araberin mit einem Juden lebt.
Thematische Schwerpunkte der inneren Handlung sind also Rassismus, Gewalt, die Unterdrückung eines Volkes durch ein anderes und die Gefühle der Menschen auf beiden Seiten.
David, Magdas Liebhaber, der Rassist, der zunächst an der Schlägerei beteiligt ist und sich später in das Mädchen verliebt, erklärt seinen Eltern, seine Freundin und er seien zur Einsicht gekommen, daß ein Zusammenleben von Juden und Arabern möglich ist. Dies klingt nun etwas naiv, ebenso wie Magdas wiederholte Beteuerungen, zwischenmenschliche Beziehungen seien Privatsache, beträfen nur den Menschen selbst und existierten unabhängig von Kategorien – eine Überzeugung, die das Stück als Illusion entlarvt. Nach dem zweiten Überfall auf Magda verwandeln sich sowohl ihr arabischer Kommilitone als auch ihr jüdischer Freund in eingefleischte Fundamentalisten, der eine jüdischer, der andere moslemischer Prägung. Beide sind bereit, sie zu heiraten, falls sie zur Orthodoxie konvertiert. Magda flieht nach London in die Arme eines englischen Drehbuchautors. Als dieser nichts mehr von ihr wissen will, landet sie, beinahe am Ende ihrer Kräfte, im Zimmer eines Nachbarn, eines sympathischen 68jährigen Wiener Tanzlehrers, der sie dazu bringt, ihre Geschichte zu erzählen.
Im Film übernimmt diese Aufgabe Samira, nach einem von ihr und dem israelischen Regisseur Benesh gemeinsam geschriebenen Drehbuch.
Während die tragische Liebesgeschichte zwischen Magda und dem Israeli David vor den Videokameras ihre Renaissance erlebt, wird allmählich klar, wie sehr die fatalen Verstrickungen zwischen den Nationen auch die persönlichen menschlichen Beziehungen belasten. Bald gibt es nur nach zwei Alternativen: Schöpferische und harmonische Zusammenarbeit oder Haß, Gewalt und Mord.

Das Stück gibt einen aufschlußreichen Einblick in die Lebens- und Arbeitssituationen israelischer Künstler, die geprägt sind von so engagierten wie gegensätzlichen Meinungen nicht nur, aber vor allem im Hinblick auf die Palästinenserfrage.
Durch die erneuten, heftigen Auseinandersetzungen zwischen den Israelis und den Arabern in den letzten Wochen ist Sobols »Palästinenserin« von einer bitteren Aktualität.

(Programmheft der Darmstädter Aufführung)

Material 9

Jan Philipp Reemtsma: Dankrede zum Lessing-Preis (Auszüge)

Gegen Antisemiten sind wenige Kräuter gewachsen, gegen sie hilft nur die Staatsanwaltschaft und, unterhalb der Schwelle des Justiziablen, politische Intoleranz [...]
Hannah Arendt hat vor fast vierzig Jahren in ihrer Hamburger Lessing-Rede [...] Nathans Rede an den Tempelherrn zurückgewiesen: »Sind Christ und Jude eher Christ und Jude, als Mensch? Ah! wenn ich einen mehr in Euch gefunden hätte, dem es genügt, ein Mensch zu heißen!« [...] Menschsein ist keine politische Kategorie, sondern eine private. Als Menschen sind wir ungleich, als politische Akteure können wir Gleichheiten fordern. Wo wir »nichts als ein Mensch zu sein« wünschen, haben wir – politisch – bereits verloren. Wir empfehlen uns, statt uns auf Rechte berufen zu können, der willkürlichen Zuneigung an. Tatsächlich hat Nathan nichts als seine Rhetorik von Menschlichkeit und Freundschaft. Das Stück weist ihm keine Gruppe, Gemeinde, Gemeinschaft zu, deren Teil er wäre. [...] Die Lebensgeschichte Nathans wird kein Teil der Welt, die er mit den anderen teilt. Und damit wird auch er nur zu Teilen Teil dieser Welt. Das ist es, was den Schluß des Stückes so seltsam macht, das ist es auch, warum man, obwohl von »allseitigen Umarmungen« die Rede ist, Nathan beiseite stehen sieht. [...] Was im Ernst auch sollte Nathan bei den Glücklichen? Der Teil der Geschichte, der auf ihm lastet, soll verborgen bleiben und kann doch nicht abgeworfen werden. Er hat keinen privaten und keinen öffentlichen Ort. Wer heute einen »Nathan« schriebe, könnte die Morde von Gath nicht in Schweigen gehüllt stehenlassen. [...]
Die Geschlossenheit der Figur Nathans liegt in seinem Schweigen begründet. Das Angedenken der Morde von Gath ist in seinem Innern verschlossen und gelangt nicht in die Welt [...] Nathans Geschlossenheit ist die Kehrseite einer Gesellschaft, die, so wie sie auf dem Theater skizziert ist, das Leid aus sich ausschließt. Es droht das Wort von der Menschheitsfamilie, in der alles harmonisch sich verbindet, vor allem Öffentlichkeit und Privatheit ununterscheidbar werden. Die politischen Risiken dieses auch in der Aufklärung selten ganz ernstlich geträumten Traumes brauche ich nicht zu erwähnen [...]
Leid ist eine Privatangelegenheit. In den öffentlichen Raum gelangt Leid durch Recht und Ritual. In der Rechtsprechung dort, wo privates Leid als öffentliches Unrecht zur Kenntnis genommen wird. Im Ritual zeigt die Öffentlichkeit, daß sie Leid als Tatsache anerkennt, aber nicht, daß sie daran teilnimmt. [...] Was mit Gesetzgebung und Rechtsprechung erreicht werden kann, ist begrenzt, aber gerade darum ist es unzulässig, hier unter dem Möglichen zu bleiben. Die [...] defizitäre Verfolgungs-, Rechtsprechungs-, Rehabilitierungs- und Entschädigungspraxis der Bundesrepublik Deutschland als Rechtsnachfolger des Deutschen Reiches hat hier so viel und vieles nicht nur versäumt, sondern bewußt nicht getan, daß manchmal von retrospektiver Komplizenschaft geredet werden muß. [...] Die für den politischen Entwurf der Bundsrepublik Deutschland in Anspruch genommenen Maßstäbe der

Zivilität [...] kollidieren mit der endemischen Schäbigkeit und dem Mangel an politischem Anstand [...]
Aber die Schoah hat eine neue Literaturgattung hervorgebracht, die Memoiren Überlebender. Sie haben [...] dem Leid Stimme in der Öffentlichkeit gegeben, und es ist ein unverstellt private Stimme gewesen und ist es noch und immer wieder. [...]
Das Mitleid ist als Triebregung ebenso elementar und kreatürlich wie der Abscheu gegenüber dem Unglück und die Zurückstoßung des Unglücklichen [...] Die Sphäre der Öffentlichkeit kann die Fähigkeit zum Mitleid in vielerlei Weise instrumentalisieren, sehr wohl zum Guten, und der Nachgeschmack nach Kitsch, der zuweilen bleibt, ist uninteressant. Doch gestalten läßt sich, was nicht dem Privaten zugehörig ist, mit diesem Gefühl nicht. Es ist dem bloßen Menschsein verbunden und so wenig politisch wie dieses. Das »bloße Menschsein« und der mitleidige Affekt kommen mit der Komplexität der Wirklichkeit nicht zurecht. Das macht ihre Kraft in manchen Situationen ebenso aus, wie die Unmöglichkeit, auf ihrer Basis allein umsichtig zu handeln. Im »Nathan« sehen wir Größe und Grenzen des Mitleids in der Szene, wo Nathan seine Erinnerungen dem Klosterbruder mitteilt. »Allgerechter!«, sagt dieser und: »Ach! Ich glaubs Euch wohl!«, als Nathan über den »unversöhnlichsten Haß« spricht, den er dem Christentum damals zugeschworen habe. Kein Erschrecken, reine Empathie. [...] Ebenso hört man Nathan immer gegen die leere Allgemeinheit einer Maximenethik angehen. Das ist keine Lebensklugheit, keine Gewitzt- oder Gewetztheit, sondern Ausdruck einer Sorge um die Welt, die aus dem Wissen um ihre Fragilität kommt. [...] Sorge um die Welt, nicht weil sie liebenswert sei, sondern weil Nathan – zu Gath – einen Blick in die Hölle getan hat. Was Lessing aus dem Schmerz um Frau und Kind, einer Lebenskatastrophe, [...] empathisch zugänglich war, lesen wir und können es mit Recht historisch rückprojizieren aus den Lebensgeschichten Überlebender. Was für Nathan, nach Lessings Konzept, nur im privatesten Gespräch seinen Ort hatte, steht heute in der Öffentlichkeit, nicht als Widerlegung, sondern als vexierbildhafte Bestätigung, zu der die Geschichte nötigte. »Wir (haben) gelernt«, schreibt Primo Levi, »daß unsere Persönlichkeit zerbrechlich ist, daß sie weit mehr in Gefahr ist als unser Leben. Könnte aus unserem Lager eine Botschaft hinausdringen zu den feien Menschen, so lautete sie: Sorget, daß euch in euerm Heim nicht geschehe, was uns hier geschieht!« Diese Sorge ist das offenbare Geheimnis der Weisheit und scheinbaren Güte Nathans. [...]

(aus: *Die Zeit*, Dezember 1997)

Material 10a

Material 10a

Ernst Deutsch, 1962

Material 10b

Material 10b

Wolfgang Heinz, 1966

Material 10c

Material 10c

Traugott Buhre, 1981

Material 10d

Material 10d

Wolfgang Robert und Walter Kreye, 1982

Anhang

Anmerkungen

1 Ezer Weizman, am 16. 1. 1996 im Deutschen Bundestag.
2 Demetz (1966), S. 129.
3 Schilson (1974), S. 148.
4 Barner u. a. (1975), S. 279.
5 Horkheimer/Adorno (1955), S. 20.
6 Ebd., S. 19.
7 »Frankfurter Rundschau« vom 26. 3. 1979.
8 G. E. Lessing: Die Juden. Mit Dokumenten zur Entstehung und Wirkung, hrsg. von Wilhelm Große, Stuttgart (Reclam) 1981; vgl. dazu Karl S. Guthke: Lessing und das Judentum oder Spinoza *absconditus*, S. 123 – 143 in: K. S. G. (1981); W. Barner: Vorurteil, Empirie, Rettung. Der junge Lessing und die Juden, in: H. A. Strauss (Hrsg.): Juden und Judentum in der Literatur, München 1985, S. 52–77; W. Kröger: Gotthold Ephraim Lessing (Literaturwissen, bei Reclam), Stuttgart 1995.
9 Göttingsche Gelehrten Anzeigen, 70. Stück.
10 Diesen Brief Mendelssohns an A. S. Gumperth zitiert Lessing in seiner Stellungnahme gegen Michaelis; Lessing (^{2}1968), Bd. 3, S. 652 ff.
11 Michaelis, in: Göttingsche Gelehrten Anzeigen, 70. Stück.
12 Vgl. Strauss (Hrsg.) (1974): Einleitung zu Mendelssohn.
13 Cassirer (1932), S. 261.
14 Mendelssohn (1785), S. 274.
15 Daunicht (1971), S. 77 (Zitat von Ch. F. Nicolai).
16 Ebd., S. 195 (Brief vom 25. 5. 1814).
17 Brief an Nicolai vom 2. 1. 1770.
18 Hinweis von Daunicht (1971), S. 195 f.
19 Ein deutsches Lexikon umschreibt den »Schutzjuden«-Status euphemistisch: »Schutzjude heißt ein Jude, der von der hohen Landes-Obrigkeit aus besonderen Gnaden an einem gewissen Orte zu wohnen, und seines Thuns abzuwarten, auf- und in Schutz genommen worden.« (Zedlers Universallexikon, Bd. 35, Leipzig 1743).
20 Daunicht (1971), S. 438.
21 Der Wolfenbütteler Abt Jerusalem an Nicolai, zitiert bei Aner (1929), Anm. 76.
22 Daunicht (1971), S. 560.
23 Timm (1983), S. 22 f.
24 Schumann (1778), S. 56.
25 Reß (1777), S. 173.
26 Mascho (1778), S. XIII.
27 7. Anti-Goeze.
28 In seiner »Duplik« gegen Reß; Lessing (^{2}1968), Bd. 8, S. 89.
29 Oelmüller (1969), S. 73.
30 In: »Über den Beweis des Geistes und der Kraft« gegen Schumann; Lessing (^{2}1968), Bd. 8, S. 9 ff.
31 Ebd.
32 In der »Duplik«; Lessing (^{2}1968), Bd. 8, S. 27.
33 Nach Göbel (1977), S. 221.
34 Seitenangaben im Folgenden nach der Schulausgabe des Reclam-Verlages, Stuttgart.
35 Anklang an den Schlusssatz von Blochs »Prinzip Hoffnung«.
36 Vgl. die modernen Überlegungen von Heinrich Mann zu diesem Thema in »Geist und Macht«.
37 Vgl. Lessings eigene Notizen zur »Nathan«-Entstehung, zitiert auch im Reclam-Heft »Erläuterungen und Dokumente zu Lessings Nathan der Weise«.
38 Marins 1761 in deutscher Sprache erschienene Arbeit über Saladin war Lessings historische Hauptquelle.
39 Marin (1761), I, S. 311.
40 Wollschläger (1973), S. 95.
41 Ebd., S. 11.
42 Vgl. dazu Kröger (1979), S. 17 ff.
43 Brief an Elise Reimarus vom 6. 9. 1778.
44 Heinrich Heine im 2. Buch seiner »Geschichte der Religion und Philosophie in Deutschland«.
45 In dieser Weise hat John Heartfield seine gegen das NS-Regime gerichteten Fotomontagen charakterisiert.
46 Nach Wollschläger (1973), S. 112, scheiterte der Plan am Bruder; nach Weber (1884), S. 792, an Johanna und Richard.
47 Diese Parallele, speziell zum braunschweigischen Herzogtum, zieht Göbel (1977), S. 237 ff.
48 Schultze (1969), S. 55.
49 Bei Nave-Levinson (1977) und Niewöhner (1988) sind weitere Einzelheiten zur Motivgeschichte der Ringparabel nachzulesen. P. v. d. Osten-Sacken (1996) zeigt auf, wie Lessing neutestamentliche Zitate in die Ringparabel hineingebaut hat. Zymner (1992) stellt die These auf, keiner der drei Ringe *könne* echt sein, da man einen Opal nicht habe nachmachen können. S. E. Gustafson (1995) bringt mit einer feministisch-psychoanalytischen Perspektive neue Momente ins Spiel: Sie liest die Ringparabel als »Märchen

(fairy-tale) about the generation and confirmation of the patriarchal order« (S. 17).
50 Oelmüller (1969), S. 79 ff.
51 Ebd., S. 85.
52 Ebd., S. 86.
53 Horkheimer/Adorno (1955), S. 19 f.
54 Göbel (1977), S. 223.
55 Friedrich (1970), dort auch das Wilamowitz-Zitat.
56 Brecht(1967), S. 265.
57 Koebner (1987), S. 202.
58 Müller (1970). Vgl. ergänzend auch Ortrud Gutjahr: Rhetorik des Tabus in Lessings Nathan der Weise, S. 269 ff., in: Mauser/Saße (1993).
59 Müller (1970) S. 68.
60 Koebner (1987), S. 164.
61 Göbel (1977), S. 221.
62 Koebner (1987), S. 203.
63 Ebd., S. 205.
64 Müller (1970), S. 46 f.
65 Göbel (1977), S. 7.
66 E. Simon: Lessing und die jüdische Geschichte, abgedruckt in seinem Sammelband »Brücken« (1965), S. 215–219.
67 H. Mayer (1975), das Kapitel »Der Weise Nathan und der Räuber Spiegelberg«, dort S. 327–349.
68 U. a. abgedruckt in Hasenclever (1982), S. 39–66.
69 Lessing(²1968), Bd. 6, S. 42.
70 Ebd.
71 Ebd., S. 402.
72 Steinmetz (1969), S. 365.
73 Cassirer (1932), S. 261.
74 Steinmetz (1977), S. 165 ff.
75 Aufklärung (⁴1974), S. 19.
76 Horkheimer/Adorno, S. 20.
77 Vgl. Kröger (1979), S. 105 ff.
78 Aufklärung (⁴1974), S. 18.
79 Voltaire (1966).
80 So interpretiert das Arbeitsbuch von Barner u. a. (1975), S. 287, mit Verweis auf Diderot auch Lessings »Nathan«.
81 So die Behauptung bei Barner u. a. (1975), S. 287.
82 Kröger (1979), S. 109.
83 Huizinga (1977), S. 17.
84 Ebd., S. 15.
85 Nach Steinmetz (1977), S. 165 ff.
86 Lessing (²1968), Bd. 2, S. 323.
87 Schulz (1978), S. 192.
88 Göbel (1977), S. 249 f.
89 Kielisches Literatur-Journal, zitiert bei Steinmetz (1969), S. 110.
90 Zitiert bei Göbel (1977), S. 248.
91 Ebd., S. 251.
92 Zitiert in Reclam-Erläuterungen, S. 125 ff.
93 Ebd., S. 134.
94 Ebd., S. 135.
95 Ebd., S. 139.
96 Zitiert bei Steinmetz (1969), S. 439 f.
97 Ebd., S. 374.
98 Ebd., S. 443.
99 Ebd., S. 437.
100 Ebd., S. 346 f.
101 Ebd., S. 389 f.
102 Mehring (1963), S. 344.
103 Ebd., S. 346.
104 Suesse-Fiedler (1980), S. 295 f.
105 E. Köpke, »Über Nathan den Weisen«. In: Zeitschrift über das Gymnasialwesen 1856, zitiert nach Steinmetz (1969), S. 33 f.
106 G. Baur, »Lessing«, in: Encyclopädie des gesamten Erziehungs- und Unterrichtswesens, Gotha 1865, zitiert nach Göbel (1977), S. 257.

Literaturverzeichnis

Primärliteratur

Lessing, Gotthold Ephraim ([2]1968): Gesammelte Werke. 10 Bde. Paul Rilla (Hrsg.). Berlin, Weimar

– (1968): *Die Juden*. Franz Hebel (Hrsg.). Paderborn

– (1990): *Nathan der Weise*. Stuttgart (zit.: Seitenzahlen in Klammern)

Sekundärliteratur

Aner, Karl (1929): Die Theologie der Lessingzeit. Halle

Aufklärung ([4]1974): Erläuterungen zur deutschen Literatur. Berlin (Ost)

Barner, Wilfried/Grimm, Gunter/Kiesel, Helmuth/Kramer, Martin u. a. (1975): Lessing: Epoche – Werke – Wirkung. Ein Arbeitsbuch für den literaturgeschichtlichen Unterricht. München

Barner, Wilfried (1984): Vorurteil, Empirie, Rettung. Der junge Lessing und die Juden. In: Juden und Judentum in der Literatur. Hrsg. von Herbert A. Strauss und Christhard Hoffmann, München 1985, S. 52–77

Birus, Hendrik (1981): Introite, nam et heic Dii sunt! Einiges über Lessings Motto-Verwendung und das Motto zum »Nathan«, in: Euphorion 75, Heidelberg, S. 379–410

Bohnen, Klaus (Hrsg.) (1984): Lessings Nathan der Weise. Darmstadt (= Wege zur Forschung, Bd. 587)

Von Borries, E. u. E. (Hrsg.) (1991): Aufklärung und Empfindsamkeit, Sturm und Drang (= Deutsche Literaturgeschichte 2), München, zum »Nathan«, S. 115–131

Brecht, Bertolt (1967): Schriften zum Theater I. In: Gesammelte Werke. Bd. 15. Frankfurt 1967

Cassirer, Ernst (1932): Die Philosphie der Aufklärung. Tübingen

Daunicht, Richard (1971): Lessing im Gespräch. Berichte und Urteile von Freunden und Zeitgenossen. München

Demetz, Peter (1966): Gotthold Ephraim Lessing: Nathan der Weise. Frankfurt, Berlin (= Dichtung und Wirklichkeit 125)

Dessau, Bettina (1986): Nathans Rückkehr. Studien zur Rezeptionsgeschichte seit 1945. Frankfurt, Bern, New York

Drews, Wolfgang (1962): Lessing (Monographie). Hamburg

Düffel, Peter von (Hrsg.) (1972): Gotthold Ephraim Lessing. Nathan der Weise. Erläuterungen und Dokumente. Stuttgart

Flusser, David (1984): Lavater und der weise Nathan, in: D. F.: Bemerkungen eines Juden zur christlichen Theologie, München, S. 82–93

Freund, Gerhard (1989): Theologie im Widerspruch. Die Lessing-Goeze-Kontroverse. Stuttgart

Friedrich, Wolf-Hartmut (1970): Menander redivivus. Zur Wiedererkennung im Nathan. In: Euphorion. Zeitschrift für Literaturgeschichte, Bd. 64, 167–180

Göbel, Helmut (Hrsg.) (1977): Lessings »Nathan«. Der Autor, der Text, seine Umwelt, seine Folgen. Berlin

Goeze, Johan Melchior (1893): Goezes

Streitschriften gegen Lessing. E. Schmidt (Hrsg.). Stuttgart (= Deutsche Literaturdenkmale, Bd. 43/45)
Gustavson, Susan E. (1995): Absent Mothers and Orphaned Fathers. Narcissism and Abjection in Lessing's Aesthetic and Dramatic Production. Detroit
Guthke, Karl S. (1981): Der Philosoph im Spielkasino: Lessings innere Biographie. In: ders.: Das Abenteuer der Literatur. S. 94–122. Bern. Dort auch: Lessing und das Judentum oder Spinoza absconditus. S. 123–143
Hasenclever, Volker F. W. (Hrsg.) (1982): Reden zum Lessing-Preis: Denken als Widerspruch. Frankfurt
Hildebrandt, Dieter (1982): Lessing. Biographie einer Emanzipation. Frankfurt, Berlin, Wien
Horkheimer, Max/Adorno, Theodor W. (1955): Dialektik der Aufklärung. Philosophische Fragmente. Lichtenstein
Huizinga, Johan (1977): Holländische Kultur im siebzehnten Jahrhundert. Eine Skizze. Übersetzt von W. Kaegi. Frankfurt
Klüger, Ruth (1994): Kreuzzug und Kinderträume in Lessings »Nathan der Weise«. In: dies.: Katastrophen. Über deutsche Literatur, S. 190–229.
Koebner, Thomas (1987): Nathan der Weise. Ein polemisches Stück? In: Lessings Dramen. Interpretationen. S. 138–207. Stuttgart
König, Dominik von (1976): Natürlichkeit und Wirklichkeit. Studien zu Lessings Nathan der Weise. Bonn
Korff, Hermann August (1929): Lessing (Vortrag). Zeitschrift für Deutschkunde 43, 177–192. Jetzt auch in: ders. (1961): Lessing, Kleist, Schiller. S. 7–29. Leipzig
Kröger, Wolfgang (1979): Das Publikum als Richter. Lessing und die ›kleineren Respondenten‹ im Fragmentenstreit. Nendeln (= Wolfenbütteler Forschungen, Bd. 5)
– (1995): Gotthold Ephraim Lessing. Literaturwissen für Schule und Studium. Stuttgart
Marin, François Louis Claude (1761): Geschichte Saladins Sultans von Egypten und Syrien, Übersetzt von E. G. Küster. Celle
Mascho, Friedrich Wilhelm (1778): Vertheidigung der geoffenbarten christlichen Religion wider einige Fragmente aus der Wolfenbüttelschen Bibliothek. 1. Stück. Hamburg
Mauser, Wolfram/Saße, Günter (Hrsg.) (1993): Streitkultur. Strategien des Überzeugens im Werk Lessings. Tübingen
Mayer, Hans (1975): Außenseiter. Frankfurt
Mehring, Franz (1963): Die Lessing-Legende. In: ders. Gesammelte Werke. H. Koch (Hrsg.). Berlin (Ost)
Mendelssohn, Moses (1785): Morgenstunden oder Vorlesungen über das Daseyn Gottes. Erster Theil. Berlin
Müller, Joachim (1970): Zur Dialogstruktur und Sprachfiguration in Lessings Nathan-Drama. Sprachkunst, 1. Jg., 42–69
Nave-Levinson, Pnina (1977): Versuch zur Ringparabel, in P. von der Osten-Sacken (Hrsg.): Toleranz heute. 250 Jahre nach Mendelssohn und Lessing. Berlin 1979
Neuman, Peter Horst (1977): Der Preis der Unmündigkeit. Über Lessings Dramen. Stuttgart
Niewöhner, Friedrich (1988): Veritas sive Varietas. Lessings Toleranzparabel und das Buch Von den drei Betrügern. Heidelberg (Veröffentlichung der Lessing-Akademie Wolfenbüttel)
Oelmüller, Willi (1969): Die unbefriedigte Aufklärung. Lessing – Kant – Hegel. Frankfurt

Recueil des Historiens des Croisades. L'Académie des Inscriptions et Belles-Lettres (Hrsg.). Bd. 2 von Historiens occidentaux, Sp. 59 ff.: ›L'Estoire d'Eracles‹, Paris 1841–1906

Ress, Johann Heinrich (1777): Die Auferstehungsgeschichte Jesu Christi gegen einige im vierten Beytrage zur Geschichte und Litteratur aus den Schätzen der Herzoglichen Bibliothek zu Wolfenbüttel gemachte neuere Einwendungen vertheidigt. Braunschweig

Rohrmoser, Günter (1958): Lessing. Nathan der Weise. In: Das deutsche Drama vom Barock bis zur Gegenwart. Benno von Wiese (Hrsg.), S. 113–126. Düsseldorf

Schilson, Arno (1974): Geschichte im Horizont der Vorsehung. G. E. Lessings Beitrag zu einer Theologie der Geschichte. Mainz

– (1995): Dichtung und (religiöse) Wahrheit: Überlegungen zu Art und Aussage von Lessings Drama »Nathan der Weise«, S. 1–18 in: Lessing-Yearbook XXVII. Detroit 1995

Schlüter, Hans-Jürgen (1978): »… als ob die Wahrheit Münze wäre«. Zu »Nathan der Weise III, 6«. Lessing-Yearbook 10, 65–74

Schnell, J. (1976): Dramaturgische Struktur und soziales Handeln. Didaktische Überlegungen zur Lektüre von Lessings »Nathan der Weise«. DU 28, H. 2, 46–54

Schöne, Albrecht (Hrsg.): Lessing contra Goeze. Stuttgart (= Text und Kritik 26/27)

Schröder, Jürgen (1972): Gotthold Ephraim Lessing. Sprache und Drama. München

Schumann, Johann Daniel (1778): Über die Evidenz der Beweise für die Wahrheit der christlichen Religion. Hannover (in Wirklichkeit: 1777)

Schultze, Harald (1969): Lessings Toleranzbegriff. Eine theologische Studie. Göttingen.

Schulz, Ursula (1978): Lessing auf der Bühne. Chronik der Theateraufführungen 1748–1789. Bremen, Wolfenbüttel

Semler, Johan Salomo (1779): Beantwortung der Fragmente eines Ungenannten insbesondere vom Zweck Jesu und seiner Jünger, Halle

Simon, Ernst (1929): Lessing und die jüdische Geschichte, in: E. S.: Brücken. Gesammelte Aufsätze. Heidelberg 1965, S. 215-219

Steinmetz, Horst (1969): Lessing – ein unpoetischer Dichter. Dokumente aus drei Jahrhunderten zur Wirkungsgeschichte Lessings in Deutschland. Frankfurt, Bonn

– (1977): Emotionalität versus Rationalität: Gegensätze zwischen Theorie und Praxis des Dramas bei Lessing. In: Lessing in heutiger Sicht. Beiträge zur Internationalen Lessing-Konferenz Cincinnati, Ohio 1976, S. 165–168. Bremen, Wolfenbüttel

Strauss, Leo (Hrsg.) (1974): Moses Mendelssohn. Schriften zur Philosophie und Ästhetik III 2. Stuttgart (= Mendelssohns Gesammelte Schriften. Jubiläumsausgabe Bd. 3, 2), repr.

Suesse-Fiedler, Sigrid (1980): Lessings Nathan der Weise und sein Leser. Eine wirkungsästhetische Studie. Stuttgart

Timm, Hermann (1983): Der dreieinige Ring. Lessings parabolischer Gottesbeweis mit der Ringparabel des Nathan. Euphorion 77, 113–126

– (1974): Gott und die Freiheit. Studien zur Religionsphilosophie der Goethezeit. Bd. 1: Die Spinozarenaissance. Frankfurt

Turk, Horst (1975): Dialektischer Dialog. Literaturwissenschaftliche Untersuchung zum Problem der Verständigung. Göttingen

Voltaire (1966): Aus dem philosophischen Taschenwörterbuch (von 1764). München

Vonhausen, Astrid J. (1993): Rolle und Individualität. Zur Funktion der Familie in Lessings Dramen. Bern

Weber, Georg (1884): Geschichte des Mittelalters. 2. Teil. Leipzig

Wölfel, Kurt (1967): Lessings Leben und Werk in Daten und Bildern. Frankfurt

Wollschläger, Hans (1973): Die bewaffneten Kreuzfahrten gen Jerusalem. Geschichte der Kreuzzüge. Zürich

Bildquellenverzeichnis

Die Materialien 10a–10c sind entnommen aus:
Dessau, Bettina (1986): Nathans Rückkehr. Studien zur Rezeptionsgeschichte seit 1945. Frankfurt, Bern, New York.

Das Material 10d ist entnommen aus dem Programmheft der Aufführung am Staatstheater in Stuttgart (1982).

Zeittafel zu Leben und Werk

1729 Gotthold Ephraim Lessing, geboren am 22. Januar in Kamenz (Lausitz). Seine Eltern: der lutherische Pfarrer Johann Gottfried Lessing und Justine Salome Lessing. Ausbildung durch Hausunterricht beim Vater, dann Lateinschule in Kamenz

1741 Weiterbildung an der Fürstenschule St. Afra in Meißen

1746 Theologiestudent in Leipzig. Erste anakreontische Gedichte. Beschäftigung mit Theater und Theaterkunst: Gottsched, Theatertruppe von C. Neuber. Erste Lustspiele. Medizinstudium in Wittenberg.

1748 Erfolg des *JUNGEN GELEHRTEN* in Leipzig. Übersiedlung nach Berlin. Freier Mitarbeiter der Vossischen Zeitung. Lustspiele *DIE JUDEN, DER FREIGEIST*. Studiumsabschluss in Wittenberg. Zusammentreffen mit Voltaire am Berliner Hof

1755 In Hamburg: Treffen mit Klopstock. Briefwechsel mit Moses Mendelssohn und Friedrich Nicolai *BRIEFE, DIE NEUESTE LITERATUR BETREFFEND*

1760 Lessing als Sekretär des Generals v. Tauentzien in Breslau (Garnisonsstadt)

1767 Übersiedlung nach Hamburg. Stelle des hauseigenen Kritikers und Dramaturgen am Nationaltheater

1770 Im Dienste des Herzogs von Braunschweig als Leiter der höchst anerkannten Bibliothek in Wolfenbüttel

1771 Verlobung mit Eva König, der Witwe eines Freundes aus der Hamburger Zeit

1775 Italienreise mit dem Braunschweiger Prinzen Leopold

1776 Heirat mit Eva König

1777 Geburt eines Sohnes. Er stirbt am ersten Lebenstag.

1778 Im Januar stirbt Lessings Frau. Streit mit dem Hamburger Pastor Goeze um die Orthodoxie in der herrschenden Theologie. Lessing (gegen den orthodoxen Standpunkt) erhält Rede- und Publikationsverbot von seinem Herzog.

1781 Im Alter von 52 Jahren am 15. Februar in Braunschweig gestorben

Dramen

1748 *DER JUNGE GELEHRTE*

1755 *MISS SARA SAMPSON*

1759 *PHILOTAS*

1767 *MINNA VON BARNHELM ODER DAS SOLDATENGLÜCK*

1772 *EMILIA GALOTTI*

1779 *NATHAN DER WEISE*

Fabeln

1753 *Fabeln und Erzählungen*

1759 *Fabeln: Drei Bücher nach den Mustern des Äsop*

Schriften

1759–1765 *Briefe, die neueste Literatur betreffend*

1766 *Laokoon oder Über die Grenzen der Malerei und Poesie*

1767–1769 *Hamburgische Dramaturgie*

1768 *Wie die Alten den Tod gebildet*

1778 *Anti-Goeze. Theologische Kampfschriften*

1778/1780 *Ernst und Falk. Gespräche für Freimaurer*

1780 *Die Erziehung des Menschengeschlechts*